El Apocacrisis

El Apocacrisis

Marlene Venero

Published by Tablo

Para los que a pesar de todo,
permanecen resilientes.

Personajes Principales:

- Eduardo: Hombre de 30-35 años. Es indeciso, pero parece tener carácter decisivo. Empático, incrédulo y con rasgos de líder.
- Cecilia: Mujer de 30-35 años. Esposa de Eduardo y amiga de Amanda. Es llevadera, aunque con Eduardo revela tener control de la relación.
- Amanda: Mujer de 30-35 años. Esposa de Carlos. Es de carácter fuerte y no se lleva con muchos. Es terca, y cuando quiere algo, se tiene que llevar a cabo.
- Carlos: Hombre de 30-35 años. Es pasional y dedicado. Un poco abobado, pero sentimental.
- Gobernador Nofuiyó: Hombre de 40 años. Es un líder terco y engreído.
- Roberto: Hombre de 45 años, es cínico y manipulador, líder de su grupo.
- Pedrito: Hombre de 50 años, es amenazante, fuerte de carácter y astuto. Cualquiera sabe que no puede meterse con él.
- Marcos: Chico de 25 años, acompañante de Roberto, es joven en la industria y olvidadizo, apenas presta atención. Solo está ahí por suerte.
- Javierito: Chico de 22 años, acompañante de Pedrito, al ser joven desconoce la industria, pero imita a sus superiores para hacerles creer que sabe lo que hace.

ACTO I

Capítulo 1

Son las 5 de la tarde en el año 2035 en la Isla. En el fondo de una calle, se ve una casa con poca iluminación, pero para el tiempo que tiene, la casa se ve bastante habitable. Dentro se ven los espejos levemente anticuados y con hongo en los bordes, la mesa del comedor está torcida, y solo hay dos tristes sillas disparejas que la acompañan. Aparece en escena una mujer delgada, posiblemente en sus treinta años, arreglando el hogar. Por lo despeinada que está, se nota que no está en sus mejores días. Vemos cómo ella tiene una escoba, ya un poco estropeada y comienza a barrer efusivamente el piso de madera dañada. También podemos observar a un hombre, estimamos que es su esposo, quizás treinta y cinco años. Su ropa se le nota un poco torcida, y sus zapatos están tan dañados y usados, que cualquiera ya los hubiese tirado a la basura. El hombre está sentado en un sillón un poco deteriorado, leyendo un periódico de solo 10 páginas y viendo un televisor con poca luz, que parece que está al borde de explotar de tan anticuado que es.

Locutor de TV: Luego de una serie de años extensos con varias situaciones climatológicas extremas, brote de pandemias y situación de estado crítico, se pronostica que casi el 55% de la Isla emigre a otros países, en búsqueda de un poco de estabilidad. El gobernador Gerardo Nofuiyó dijo en su gran mensaje de hoy, y lo estamos citando: "que no nos preocupáramos".

Cecilia, la mujer, se detiene a observar a su esposo desinteresado, y procede a bajar el volumen del televisor.

Cecilia: Ese gobernador nunca aporta nada. Ni que no nos preocupemos...

Eduardo: Mjm. Eso dicen. Si es el nieto de los Nofuiyó. Ya tú sabes cómo es. (PROSIGUE LEYENDO EL PERIÓDICO)

Cecilia: ¿Tú no te cansas de siempre estar leyendo malas noticias? ¿O de escuchar a esta gente solo hablar de lo negativo?

Eduardo: A veces me pongo a imaginar cosas lindas y buenas mientras me expongo a todo.

Cecilia: ¿Cómo qué?

Eduardo: Cosas como que no se irá la luz hoy, como que no nos quedaremos sin agua cada 3 días, y que no habrá pandemias...

Cecilia le da un beso en el cachete, y le sonríe. Se pone a recoger cosas en la cocina, que aunque se nota que está regada, siempre hay espacio para mejorar.

Eduardo: Al menos hoy sí tenemos.

Cecilia: Siento que ante las cosas malas que han pasado, muchos se han aprovechado de la situación.

Eduardo: De todo lo que ha pasado acá, sí. Pienso igual. Quizás todo sería diferente, si nos uniéramos y nos ayudáramos más los unos a los otros.

Eduardo respira hondo, cierra el triste periódico, y apaga el televisor. Respira hondo y comienza a mirar hacia la ventana. Se percata que hay alguien afuera de la casa, caminando hacia la entrada. A esa hora, es extraño que haya gente afuera, o visitando, con los robos y asaltos que han aumentado.

Eduardo: (ALARMADO) Cecilia. ¡Mira! Viene alguien.

Cecilia: ¿Será uno de los vecinos?

Eduardo: Imposible. Casi todos se han mudado, y a esta hora es extraño que venga alguien. Trae el bate.

Cecilia: ¿Qué?

Eduardo: Que traigas el jodío bate que está en la cocina. No voy a permitir que alguien nos asalte así en nuestra propia casa. ¡Avanza!

Cecilia: Okay. Okay. Ya voy.

Cecilia desaparece por la casa, mientras Eduardo está escondido detrás de la puerta en posición alerta. Cecilia regresa de la cocina con un bate se lo da a Eduardo y ella agarra un taladro.

Eduardo: (SUSURRANDO) ¿Un taladro en serio? ¿Quién te hizo tanto daño?

Cecilia: (SUSURRANDO) Ay ya cállate.

Eduardo se asoma de nuevo por la ventana y ve a la persona en la puerta, pero no reconoce quién es. Respira hondo con el bate en la mano.

Cecilia: Avanza. Ya quiero salir de esta tensión.

Eduardo: (SUSURRANDO) Shhh. A la cuenta de tres, voy a abrir la puerta. ¡Uno...dos... y...tres!

Ambos gritan con las armas en posición de defensa mientras Eduardo abre la puerta. Aparece una mujer con pelo rojo, con un traje casual sumamente deteriorado, y tiene un sombrero puesto. Saca un paraguas de su bolso para defenderse por el miedo que le provocaron.

Amanda: (CON SUSTO) ¡Ay carajo!

Cecilia y Eduardo: ¡Amanda!

Ambos tensos, Eduardo le agarra el taladro a Cecilia y lo tira para la esquina junto con su bate, para evitar la tensión.

Amanda: ¿Ustedes siempre atacan a su visita? Te vi asomado como un pendejo mirando por la ventana.

Cecilia: Disculpa Amanda. Es que hace tiempo no recibimos visita y encima las cosas están tan malas que uno nunca sabe las intenciones de la gente.

Amanda: Sí. Me imagino.

Proceden a abrazarse todos, mientras Eduardo mira afuera, con un poco de paranoia, viendo a ver si hay más personas afuera.

Eduardo: Bueno pasa, siéntate. Qué bueno verte.

Amanda entra a la casa, y se quita el sombrero. Mira alrededor, con expresión un poco sorpresiva y nostálgica. Observa que en el anaquel de su sala hay unas fotos de todos los familiares de Amanda y Eduardo, y se percata que también hay una de todos los amigos juntos. Eduardo procede a hacerle señas a Amanda para que se siente en el sofá de la sala, que aunque esté un poco descolorido y con un leve olor desagradable, es cómodo.

Amanda: Igual a ustedes. No puedo creer que están bien. Wow, esta casa sigue casi igualita desde que yo vine hace 8 años.

Cecilia: Sí. Hemos tratado de remodelarla.

Eduardo: Remodelar no es la palabra ideal. Sino, adaptando a las circunstancias, mejor dicho. Ahora en vez de sonar el timbre, prácticamente electrocuta a la visita. Y la cocina, tiene una loseta rota, que si la pisas muy fuerte, terminas en China. (SE RÍE)

Cecilia: No sigas.

Amanda le sonríe con cortesía, pero sin gracia, y Cecilia lo mira levemente irritada. Enciende una luz que apenas prende y comienza a caminar hacia la cocina. Con cada paso, se escucha el piso resonar, como si tuviesen serios problemas de humedad en la casa.

Cecilia: (MIRANDO HACIA LA LUZ CASI FUNDIDA) Ay carajo. Ya mismo tumban la luz de nuevo.

Eduardo: (PARA DESVIAR EL COMENTARIO) Amanda, ¿quieres algo de tomar?

Amanda: No. Gracias. No quiero gastar los recursos de ustedes.

Cecilia: Por Dios. Si nosotros a cada rato vamos a buscar recursos del Army. Eduardo tiene un pana allá que nos hace el favor de darnos cantidades extra.

Eduardo: En confianza.

Amanda: Bueno, pues si es así, un poco de agua por favor.

Cecilia entra y agarra un galón de agua que tiene en la cocina, huele el agua y la sirve en un vaso para dárselo a Amanda.

Cecilia: Esta agua está buena.

Amanda: Después que no sean aguas negras, estoy bien.

Cecilia: Aquí tienes.

Amanda: ¡Gracias!

Se nota un poco de incomodidad en el ambiente. Amanda procede a mirar alrededor de la casa estudiando el área mientras Eduardo se queda callado y Cecilia también. Ninguno sabe cómo hacer la gran pregunta de por qué la visita tan momentánea de su vieja amiga Amanda.

Eduardo: ¿Y qué nos cuentas Amanda? ¿Cómo está tu esposo?

Amanda: Pues, de eso les quería hablar. Necesito su ayuda.

Cecilia: (ALARMADA) ¿Qué pasó? ¿Qué te hizo ese cabrón?

Amanda: No. Eh, no me hizo nada. (CON TONO TRISTE) Es que lleva desaparecido hace 3 días.

Eduardo: (CON UN POCO DE SARCASMO) Wow...¿De verdad?

Eduardo le da una mirada levemente preocupante a Cecilia. Como si ya supiera lo que le pasó, sin tan siquiera saber la circunstancia.

Amanda: Desapareció un día que salió a buscar gasolina. He contactado a la policía para que me ayuden, pero nada ha pasado. Necesito buscarlo. Nadie lo ha visto, y quiero saber al menos qué pasó...

Eduardo: ¿Pelearon antes de que él desapareciera?

Amanda: Ya sé lo que estás insinuando...

Cecilia: Amanda, ¿no será que se fue con otra?

Amanda: (IRRITADA) Mira, ese hombre no se me despegaba del lado y ni tiene celular. Estamos en medio de una crisis. ¿Crees que otra le meta mano a eso?

Cecilia: Es que, con tanta cosa que ha pasado en Puerto Rico, la gente anda desesperada.

Eduardo: Y en el mundo entero. Las cosas se han puesto bien mal.

Amanda: Yo lo sé, pero esto es diferente. Estamos hablando de Carlos.

Cecilia: Bueno. Nosotros no somos FBI ni nada. No sé cómo te podemos ayudar.

Amanda: Ustedes lo conocen hasta mejor que yo. (COMIENZA A LLORAR DESCONSOLADAMENTE) Fue amigo de ustedes desde jóvenes. Necesito que me ayuden. Ustedes saben cómo actuaría y dónde se metería.

Eduardo: Es difícil saber Amanda. Quizás lo asaltaron o algo. O quizás, peor aún... Eh... Quizás está muert...

Cecilia: (INTERRUMPIENDO) ¡Muerto de hambre! Y hay que darle comida. (LE DA UN CODAZO A EDUARDO)

Amanda: Sí. De seguro. Ese come todo el tiempo. (SECÁNDOSE LAS LÁGRIMAS Y RECOSTANDO SU CABEZA SOBRE SUS MANOS) ¡Ay mi Carlitos! (PROCEDE A LLORAR AÚN MÁS FUERTE)

Cecilia mira a Eduardo con ojos bien abiertos y le empieza a hacer gestos con las manos para que él entienda que deben consolar a su amiga desesperada.

Amanda: (LLORANDO HISTÉRICAMENTE) En estos momentos tan difíciles necesito ayuda de amigos como ustedes. Yo no les pido nada. Solo quiero encontrar a Carlos. Siento que está vivo. Lo siento de todo corazón.

Eduardo se sienta cerca de Amanda e intenta consolarla dándole leves palmadas en la espalda.

Eduardo: (EN TONO EMPÁTICO) Y yo siento que me voy a ganar la lotería, y que voy a despertar en una mansión, pero no todo es sentir y querer.

Cecilia: Eduardo…

Eduardo: Es que hay que ser realistas.

Amanda: (SECÁNDOSE LAS LÁGRIMAS) Yo entiendo lo que dices, suena aspiracional y más con todo lo que ha estado pasando, pero de verdad, no quiero rendirme. No voy a cruzar los brazos sabiendo que Carlos puede estar vivo y necesitando nuestra ayuda. Él estuvo para ustedes cuando lo necesitaban.

Eduardo procede a mirar a Cecilia con un poco de vergüenza, y le sostiene la mano. Y respira hondo, y mira hacia la ventana. Se le nota que algo está pensando. Sin embargo, para él, está viajando a través del tiempo y cayendo en nostalgia de los tiempos menos malos, en los que en ese momento, todos echábamos de menos lo bien que se vivía. Se situó en aquel momento en que él y Carlos eran jóvenes, más o menos para el año 2020, y estaban en su cuarto, cada uno jugando con su celular y viendo Netflix.

Carlos: Este año ha estado algarete. Nunca había visto a mi mamá llorar tanto, y no estaba ni peleando con papi.

Eduardo: Están diciendo que tenemos que estar unos lejos de otros. Disque 6 pies de distancia. Se jodió mi date del viernes.

Carlos: Diablo, ¿sabes qué leí?

Eduardo: ¿Qué?

Carlos: Que la uni va a cerrar si esto sigue y todas las clases van a ser online.

Los dos se miran tensos, alarmados. Sonríen y se chocan las manos.

Eduardo: ¡Eso es puñeta! Ya estoy cansao' de ir a clases.

Carlos: ¡Vamos a poder jugar Call of Duty con cojones!

Eduardo: Y ver todas las series que queramos.

Carlos: ¡Es como si nos dieran más vacaciones!

Eduardo: Acho, lo único que me asusta un poco es que leí tener que ponernos mascarillas, porque sino nos podemos contaminar. Así como en The Walking Dead.

Carlos: Sí, pero eso es la gente siempre haciendo show.

Eduardo: Yo no sé. Dicen que es bien serio...

Carlos: Pichea eso. La gente siempre se pone súper sensacionalista con todo lo nuevo. Para mí son vacaciones y punto.

Eduardo: Loco, si me contamino, ¿vamos a seguir siendo panas verdá?

Carlos: Obvio. Aunque seas zombie y me des asco. Te encierro en el cuarto y ya. No te voy a matar así encerrau'. Seguimos siendo panas.

Ambos se chocan los puños y escuchan a la mamá de Eduardo llamarlo por su nombre. Lo llama dos veces más, hasta caer en tiempo. Eduardo un poco nervioso, cae en cuenta que Cecilia está gritando su nombre y Amanda lo está mirando un poco confundida.

Cecilia: ¿Eduardo?

Eduardo: ¡Ay!

Amanda: Como que te nos fuiste por un rato.

Cecilia: Pensé que te dio un derrame o algo.

Eduardo: No. No. Estoy aquí. Perdonen.

Amanda: ¿Entonces? Me van a ayudar a buscar a Carlos.

Eduardo: Sí. (CON UNA PAUSA BREVE) Te ayudamos. Es cierto que él nunca nos dio la espalda. No deberíamos de dársela nosotros.

Cecilia: ¿Entonces? ¿Qué hacemos?

Eduardo: Nada.

Amanda: (ALARMADA) ¿Nada?

Eduardo: O sea, no sé.

Amanda: ¿No sabes? Eduardo, tú literalmente me enseñaste a jugar Clue y te encantaba ver CSI porque siempre descifrabas todo al final del programa...

Cecilia: ¡Já! (CON SARCASMO) Estamos hablando del que quema el cereal porque calienta mucho la leche y el mismo hombre que lleva leyendo el mismo periódico de hace 3 semanas.

Amanda: ¿Quién come cereal con leche caliente?

Se levanta y la enfrenta con seguridad en sí mismo.

Eduardo: Sí y ¿sabes qué Cecilia? Amanda tiene razón. Debemos buscar a Carlos juntos.

Amanda: ¡Eso!

Eduardo se mueve con prisa por la casa, un poco confundido sobre qué debe hacer, mientras las chicas lo observan detenidamente.

Amanda: Entonces, ¿vamos ahora verdad?

Cecilia: (ALARMADA) ¿Ahora?

Amanda: Sí. Hay que buscarlo ahora. (CON TONO DE TRISTEZA Y HACIENDO GESTO DE QUE VA A VOLVER A LLORAR DE NUEVO) Lleva tiempo perdido, y no sé si esté en peligro o qué. Por favor, vamos ahora. Estoy bien preocupada. Si estamos los tres juntos, es raro que nos pase algo. Mientras antes mejor.

Cecilia: Por favor, no. No. No llores.

Eduardo: (EN TONO MÁS BAJO) Tan feo que llora.

Amanda para de llorar y los mira con confusión. Eduardo le hace gesto de afirmación y camina hacia el armario en el que saca un bulto.

Eduardo: Bien. Entonces, hagamos un bulto para cada uno. Hay que trazar un plan. Vamos a encontrar a Carlos, vivo o muer…

Cecilia: (IRRITADA) Muerto de hambre…Muerto de hambre Eduardo. Tiene hambre. Lo encontraremos vivo y con mucha hambre.

Amanda: Exacto. ¡Eso quiero escuchar!

Amanda feliz y entusiasmada, se levanta a mirar alrededor de la casa para ver qué se puede llevar. Aprovecha y agarra la foto que hay de Carlos en grupo sobre la repisa. Eduardo pone el bulto en el sofá, y comienza a sacar herramientas innecesarias. Podemos ver a Cecilia en el fondo caminando hacia la cocina, y preparando comida.

Cecilia: (GRITÁNDOLE A EDUARDO DESDE LA COCINA) Me voy a llevar toda el agua que podamos. ¿Cómo 8 botellas?

Eduardo: (CON UN MARTILLO EN LA MANO LE GRITA A CECILIA) Coge 3 que no podemos cargar tan pesado. (HABLÁNDOSE A ÉL MISMO) Bien. Necesitamos una sierra, flashlights, sábanas por si nos da frío, una sombrilla por si llueve, un kit de primeros auxilios...¿y Kotex? Eso se lo dejo a discreción de ustedes.

Cecilia: (GRITANDO DE NUEVO) ¡Eduardo! ¿Nos llevamos papas fritas de snack?

Eduardo: (SUSPIRA) Sí. Llévate lo que creas. No me preguntes más.

Cecilia: (GRITANDO AÚN) Es que hay cosas que te dan diarrea y otras no. Tampoco queremos que te estés cagando todo el camino.

Eduardo: ¡Okay! (GRITANDO DE VUELTA UN POCO IRRITADO)... Solo trae cosas que nos caigan bien a todos, gracias.

Amanda: (CON LEVE INCOMODIDAD) ¿Ya terminamos de empacar el pulguero?

Eduardo: ...mi celular y una cosa más. (SACA UNA PISTOLA DEL ARMARIO)

Cecilia: (ASOMADA DESDE LA COCINA) Uy, pero no es matarlo, es encontrarlo.

Amanda: Yo también tengo la mía (ENSEÑA LA PISTOLA DENTRO DE SU CARTERA)

Cecilia y Eduardo se miran de reojo, un poco dudosos de por qué ella tendría una pistola.

Amanda: Es mejor estar preparados para lo que nos enfrentemos.

Eduardo: Sí, es cierto. Ante tanta necesidad, la gente se ha vuelto bien agresiva y desesperada.

Cecilia entra de nuevo a la sala donde están terminando sus bultos y tiene 3 paquetes ziplock con sándwiches, y tres manzanas.

Cecilia: Métanlo en sus bultos. Vamos.

Eduardo: (CON SEGURIDAD) Hay que buscar pistas. Alguien tiene que saber algo. Siempre hay un testigo, por más irreverente que sea. Y si no lo hay, (CON TONO INSEGURO) pues, no sé. Ahí sí que honestamente, no sé. No sabremos qué hacer. Ese episodio nunca lo vi.

Cecilia: Eduardo, ¡enfócate!

Amanda: Bien. Pues comencemos por ir al primer lugar donde dijo que estaba.

Eduardo: Okay. Buena idea. A eso iba. Cojan herramientas para que se protejan.

Capítulo 2

Todos comienzan a salir por la puerta. Amanda agarra un palo de escoba como herramienta de ataque, Cecilia tiene en sus manos el bate y Eduardo agarra el flashlight. Justo cuando están saliendo por la casa, las luces de la calle comienzan a desvanecerse, como si la luz estuviese perdiendo fuerzas. Los tres se miran con ansiedad.

Amanda: Bueno, vamos.

Cecilia: Qué jodienda que ahora es que tiene que irse la luz.

Eduardo: Déjenme alante. Yo soy tremendo protegiendo.

Los tres comienzan a caminar por el mismo medio entre unas casas, mientras las luces de los postes comienzan a perder fuerzas. Ven las casas de los vecinos. Muchas parecen estar completamente abandonadas, y otras están bien dañadas, pero se les nota que hay personas viviendo en ellas.

Amanda: Estamos cerca de donde él desapareció.

Eduardo: Un momento. ¿Escuchan eso? (SUSURRÁNDOLES)

Cecilia: Literal, yo no escucho nada Eduardo.

Eduardo: (CON CERTIDUMBRE) Estoy tratando de protegerlas. Seguimos.

Vuelven a escuchar un ruido extraño, los tres se detienen, y se giran para ver. Por reacción, Eduardo se asusta y se pone de rodillas, diciéndoles a ellas que se bajen también. El ruido sale de casa de uno de sus vecinos que está apagada. La luz se enciende y ven que hay una persona saliendo por la puerta callado. Es el vecino de Eduardo y Cecilia. Adolescente, con pasiones, al parecer travieso.

Yandel: Acho, no choteen. Polfa'.

Cecilia: Ah, es Yandel.

Yandel: No le digan a mi mai que salí un momento. Ella no le gusta que salga cuando está oscureciendo.

Eduardo. No te preocupes, estamos tratando de pasar desapercibidos y llegar a otro lugar.

Yandel: Ah dale, van bien. Casi ni los vi. Oye, antes que no los vuelva a vel, aquí tienen mi demo. Pueden buscarme en la aplicación de EspotifyYou.

Eduardo: (LEYENDO EL EL DEMO) ¿"Dale duro, y patabajo"?

Yandel: Estoy tratando de llegar a grandes ligas con mi TrapHouse. Es la nueva moda del Trap. Si me pego como TrapHouser lograré hacer billete como loco y echar pa' lante.

Cecilia: Muchachito, cuídate mucho. Las cosas no están buenas para que estés escapándote así.

Yandel: Sí, yo solo voy pa' la casa de la jeva de al lao.'

Amanda: ¡Ay la juventud de hoy en día!

Yandel: ¡Ay los Millennials, siempre tan quejones!

Eduardo: (DESVIANDO EL TEMA) Okay bueno. Gracias Yandel. Nos tenemos que ir. Mucha suerte con tu música.

Cecilia: Saludos a tu mamá.

Yandel: Gracias, suerte a todos, excepto a la Millennial esa. (SEÑALANDO A AMANDA)

Amanda: ¡Pendejo! Así yo no auspicio a nadie.

Eduardo y Cecilia la observan con confusión. Yandel se despide y comienza a correr por la calle, hasta entrar por el portón de una de las casas.

Eduardo: (CAMBIANDO EL TEMA) ¿Por dónde dijiste que era?

Amanda: La gasolinera donde Carlos desapareció es por acá.

Capítulo 3

Llegan a la gasolinera. Podemos ver que está encendida completamente, pero con varias luces parpadeando y hay un vagabundo acostado en el suelo al frente de la entrada. Amanda procede a abrir la puerta de la gasolinera, y rápido notan que hay escasez de productos. Las góndolas están casi vacías, con dos o tres tristes productos posiblemente inconsumibles y un poco caros para lo que son, paredes mohosas y con un fuerte olor a húmedo por la lluvia que ha caído entre los huecos del techo. En fin, la gasolinera se ve un poco destruida, pero sorprendentemente sigue operando. Amanda prosigue en dirección al cajero que está tras una caja de cristal. No se sabe si el cristal está para evitar robos, o evitar contagio desde la época de la pandemia. Parece ser un adolescente desinteresado leyendo una revista de hace 7 años. Se ve un poco descuidado. Podemos ver hasta su camisa un poco estrujada y mal abotonada.

Amanda: Caballero. ¡Permiso! (LE DA UN TOQUE AL CRISTAL)

El chico detiene lo que hace y los mira con desinterés.

Cajero: ¿Sí?

Amanda: Disculpe. Estamos buscando a este señor (SACA LA FOTO DE CARLOS). Claro, en este momento tenía más pelo y unas libras de menos, pero…

Cajero: Señora. Para gente perdida, favor pase por el cuartel.

Amanda: Es que, ya lo he reportado y no he recibido información de…

Cajero (CON TONO AGRESIVO): Vaya. Al. Cuartel.

El chico procede a mirar la revista y Amanda se queda anonadada. Eduardo hace gesto de enojo, y le da un golpecito al cristal para llamarle la atención de nuevo.

Eduardo: Mira, sé que no te interesa absolutamente nada, pero aquí se perdió una persona. Y según miré al entrar, hay cámaras arriba. ¿Puedes revisarlas? ¿O tengo que romper estos cristales para entrar a revisarlas yo mismo?

Cecilia: ¡Eduardo! Nunca te había escuchado tan amenazante.

Eduardo: (APARTE A CECILIA EN TONO BAJO) Es que me pongo nervioso y he visto que las amenazas funcionan, pero no haré nada.

Cajero: Señor. Lo acabo de escuchar, y para que sepa, estas cámaras no funcionan desde el 2015. Es para que cada personaje que venga a robar, se asuste. ¿En realidad creía que con tanto bajón de luz uno pudiese contar con las cámaras? Repito. Vaya. Al. Cuartel.

Eduardo: Okay. ¿Al menos puedes decirnos quién trabajó ese día para que nos ayude? No puede ser que aquí solo contraten niños imbéciles.

Amanda (INTERRUMPIENDO): ¡Espera! Deja ver esa sombrilla. ¡Esa es de Carlos! ¿Qué hace ahí atrás?

El cajero se vira a mirar, y se da cuenta que hay una sombrilla detrás de él en un anaquel. Está manchada peculiarmente con pintura blanca y con símbolos particulares. El cajero se vira a mirarlos y está Eduardo intentando abrir la puerta para entrar a dónde él.

Cajero: (EN TONO TRANQUILO) Señor. Cálmese. Señor. Eso no va a abrir. Confíe. No gaste sus pocas fuerzas.

Amanda: ¡Eso es prueba de que estuvo aquí! Busca ahora mismo a tu manager o dinos quién carajo trabajó ese día. Alguien tiene que saber.

Están todos forcejeando, y al parecer, el vagabundo ya había entrado a la gasolinera, y se queda mirándolos. Comienza a hablar. Como solo tiene 2 dientes, es muy difícil de entender lo que dice.

Vagabundo: ¿Etá bucando a un goldo calbo?

Está Cecilia agarrándole el hombro a Eduardo, mientras él y Amanda siguen tratando de empujar el vidrio y la puerta para entrar hacia donde el adolescente.

Cecilia: Señor, no tenemos dinero, estamos muy ocupados.

Vagabundo: No. Ke si tá, bucando un goldo calbo.

Amanda: Sí. ¿Lo has visto? (LE ENSEÑA LA FOTO DE CARLOS)

Vagabundo: Sí. Yo bibo afuela. Ahí. Ahí afuelita. Y me acueldo de ke. De ke.. De…(MIRANDO A LOS ALREDEDORES, TRATANDO DE PENSAR) yo me acueldo.

Los tres detienen todo lo que están haciendo para intentar descifrar lo que dice el vagabundo. El vagabundo comienza a hacer señas mientras habla, para que lo entiendan.

Vagabundo: Dede ke bino el terremoto grande. Y el hurakán kategoria 5. Yo bibo afuela.

Eduardo: No entiendo lo que dice.

Cecilia: Shh. Deja que hable.

Vagabundo: Bueno. Ase 3 días, ese goldo bino a la gasolinera. Y bi ke. Biii ke…

Amanda: ¿Evité?

Vagabundo: No. ke bi ke, otro hombre, pero con bal.. bai…

Cecilia: ¿Otro baila?

Vagabundo: Otro hombre con balba le dijo.

Eduardo: (A CECILIA) O sea cuán difícil…

Amanda: ¿Ajá? ¿Que otro hombre con barba le dijo?

Vagabundo: Le dijo ke el goldo calbo le robó dimero.

Eduardo: ¿Lo acusó de robarle dinero?

Vagabundo: Ajám. Ezo.

Amanda: ¿Y qué pasó?

Vagabundo: Y ke... y ke... lo amigo del que tenía balba... lo amigos llegaron a peleal.

Amanda: ¿A pelear?

Cajero: Ay mire señora, ya quiero que se larguen de aquí. El marido suyo fue acusado de robo, de la nada, el señor que lo acusó comenzó a empujarlo y pedirle el dinero. Luego aparecieron los amigos del acusador. Su marido vino y usó su sombrilla como método de defensa. Y hubo empujones de todos lados. Su marido salió corriendo de aquí. Nadie sabe a dónde. ¿Ya? ¿Feliz?

Amanda: Entonces, sabías que la sombrilla era de él. ¡Qué cabrón eres!

Amanda completamente molesta, agarra un bate para darle al cristal. Con rapidez, Eduardo la detiene.

Cecilia: ¡Calma Amanda!

Eduardo: ¿Nadie nunca te había dicho que tienes anger issues severos?

Vagabundo: (INTERRUMPIENDO) Milen. Lo bi colél hacia la bala. (SEÑALANDO HACIA AFUERA)

Eduardo: ¿La bala?

Vagabundo: No. La bala. Donde se bebe. Glúp Glúp. (HACIENDO GESTO DE TOMAR)

Eduardo: ¡Ah la barra! ¡La barra de la esquina!

Amanda: ¡Vamos ahora! Debe haber más pistas allá, o alguien debe haber visto algo.

Eduardo: ¡Esperen! (AL CAJERO) Muchachito, danos la sombrilla.

Amanda: Dame la sombrilla de mi esposo, o habrá futuras consecuencias...

Cecilia: Cuidado, que esta es brava.

El cajero volteando la mirada, les devuelve la sombrilla en una parte abierta del cristal y Eduardo procede a hacerle señas agresivas con las manos. Luego él saca $5 de su bolsillo y Cecilia agarra una manzana, ambos se los dan al vagabundo.

Cecilia: Toma. Muchas gracias por tu ayuda.

Eduardo: (AL CAJERO) ¡Y tú! A la próxima, ayuda a la gente. Todos necesitamos un poco de empatía en estos tiempos.

Capítulo 4

Ven que el bar tiene pocas personas adentro y se nota que solo hay un bartender, sirviendo los clásicos dos productos, cervezas de la Isla, o ron. Todos en vasos de diferentes tamaños y colores, como si hubiesen recopilado todos los vasos que pudieran encontrar. Afuera del bar hay un banner que dice "Beber para ahogar las penas" escrito en aerosol. Las luces están casi apagadas y la música no está lo suficientemente alta, pero al menos se identifica la canción que está sonando. Eduardo, Amanda y Cecilia se van acercando, y ven a dos hombres vestidos de negro afuera. Ambos tienen unas AK47 completamente expuestas, se asume que son los de seguridad del bar. Para evitar problemas, Eduardo les hace señas a ellas que escondan sus "herramientas de ataque". Uno de los guardias de seguridad está bailando un poco mientras escucha la música afuera y están alertas a los alrededores. Amanda se acerca y se percata que el carro de Carlos está estacionado afuera del bar.

Amanda: Miren, ese es el carro de Carlos. ¡Él está aquí!

Eduardo: Wow, debe haber estado mucho tiempo bebiendo.

Se ponen frente a los de seguridad que están tapando la entrada.

Eduardo: Con el permiso caballeros. Queremos entrar.

Guardia 1: (CON RUDEZA) ¿Tienen identificación?

Amanda: Aquí tiene la mía.

Cecilia: Aquí la mía.

Eduardo se toca los bolsillos, luego busca en el bulto, y se percata que no trae identificación, y las mira un poco preocupado.

Eduardo: Ehh. No encuentro la mía.

Cecilia: O sea, nos llevamos hasta un palo de escoba, ¿pero se te quedó el ID?

Eduardo: ¿Quién carajo, en pleno fin de mundo, va a traer su ID?

Guardia 2: Entonces no puede entrar.

Cecilia: ¿Cómo puede ser? Si él tiene edad para entrar.

Guardia 1: Señora, no es por la edad. Es por los crímenes. Estamos documentando todos los que entran y salen.

Eduardo: Pues le doy mi nombre y mi dirección si quiere.

Guardia 2: Eso no asegura nada.

Eduardo: Qué jodienda.

Amanda: Solo queremos saber si han visto a este hombre aquí, ¿o si alguien que esté adentro lo ha visto?

Ambos miran la foto, y uno de ellos cierra un poco los ojos enfocándose en la cara de Carlos.

Guardia 1 y 2: No.

Ambos actúan con desinterés y ya se notan un poco irritados con la insistencia de Amanda.

Amanda: Miren, les explico. Es mi esposo, y anda perdido hace 3 días. Él vino acá corriendo, seguramente para esconderse...

Guardia 2: (INTERRUMPIENDO) Señora, no sabemos. Entre o sálgase, porque ya se nos está acabando la paciencia.

Amanda: Pero por favor. No estaremos mucho.

Guardia 1: No es nuestro problema. Entren o váyanse.

Ya los guardias se ven irritados y uno de ellos sostiene fuerte su arma, como en posición de defensa. Eduardo reacciona con rapidez para evitar alguna altercación mayor.

Eduardo: Entren. Yo las espero afuera. No me va a pasar nada. Tranquilas.

Guardia 1: Avancen. Ahora.

Cecilia: Eduardo, por favor, no te muevas. No quiero que te pierdas como Carlos.

Amanda la mira un poco irritada por su comentario y la hala por el brazo para entrar. Ambas entran y se ponen a preguntarle a los pocos que hay alrededor si han visto a Carlos, sin éxito.

Guardia 2: Señor, sálgase de la fila ya.

Eduardo camina alrededor y actúa como si está esperando. Se aleja un poco de la entrada del bar, para esperar a las chicas cerca de la puerta. Observa que salen dos hombres sospechosos y se ubican en una esquina para discutir entre ellos. Se alejan de los guardias para hablarse con más privacidad, yendo para la parte de atrás del bar. Eduardo por estímulo, se esconde detrás de un basurero.

Roberto: Esas mujeres estaban preguntando por uno de ellos.

Marcos: Quizás era por otra persona que de casualidad desapareció.

Roberto: No importa. El punto es que no pueden enterarse. Y vi que casi le respondías.

Marcos: Pero, ¿y qué pasa si se enteran? Nosotros mandamos.

Roberto: ¿Eres imbécil? Ya te lo han explicado varias veces.

Marcos: ¿Qué cosa?

Roberto: Que nadie se puede enterar que está desapareciendo gente.

Marcos: Ah. Sí. Ya me acordé.

Eduardo hace un ruido de sorpresa y se tapa la boca.

Roberto: Espera…¿Escuchaste algo?

Marcos: No para nada. Solo a ti hablando.

Roberto: No, en serio. Creo que escuché algo.

Marcos: Quizás fue un gato.

Roberto: Ya ni los gatos salen aquí.

Capítulo 5

Eduardo nota que estos hombres son peligrosos, corre por el otro lado del bar desapercibido hasta detenerse, y se percata que hay una puerta atrás que está mal cerrada. Procede a empujarla con fuerzas y con miedo, mientras mira hacia atrás a los hombres peligrosos acercándose. Empuja y cae dentro de un cuarto oscuro. Baja unas escaleras oscuras hasta terminar dentro del bar. Eduardo observa y ve a los hombres sospechosos entrar al bar y mirar alrededor como buscando a alguien. De repente, se recuerda que ese era el bar que fue en una de sus primeras citas con Cecilia. Ahora está casi completamente destrozado por dentro. Cualquiera que entre ahí pensaría que estas personas hicieron un bar entre los escombros del país. Con prisa, Eduardo opta por sentarse en una silla vacía cerca del bar para simplemente pasar desapercibido. Se percata que cerca de él, hay una triste mesa con tres hombres mayores borrachos discutiendo.

Paco: (YA CON TONO BORRACHO)...Y como no llegué a la casa a la hora que se suponía ella me dijo: "Soy mucho sartén para tan poco huevo". (SORBE DEL RON)

Pepe: ¿Ahora hay brote de cabronavirus?

Luisito: ¿Y por qué no llegaste a la casa a tiempo?

Paco: Porque estaba buscando comida. Aquí tú sabe' lo difícil que es conseguir algo pa' monchar y más con la gente desesperá comprando todo de cantazo. No dan break.

Luisito: En veldá no pensé que fuese tan difícil vivil. ¿Se acuerdan lo de pinga que fue estar esos 6 meses en la casa encerraos?

Pepe: Lo peor de eso fue tolerar a mi mujer regañándome hasta por bostezar.

Paco: Sí mano. Y nosotros pensando que eso era lo peor. Esta mielda de que no haya luz ni comida, huracanes, terremotos y enfermedades...la gente asaltando y robando lo poco que hay. Está de madre. Encima el gobierno no aporta. (CON TONO TRISTE). Ya me tiene harto. (SORBE DE SU BEBIDA)

Pepe: Esos son los primeros que roban. Sea la madre.

Luisito: Yo creo que lo peor ha sido, que siendo una isla, nos han olvidao'. Y la misma gente no se ayuda.

Eduardo comienza a sentir empatía por los extraños, y comienza a involucrarse en la conversación. Observa la mesa sucia, y mohosa, como con nostalgia sobre los tiempos cuando hasta menos mal estábamos, no apreciábamos lo que teníamos. Se recuerda por un momento que está huyendo de los sospechosos y opta por formar parte de los borrachos para pasar desapercibido.

Eduardo: *(PEGANDO LA SILLA HACIA ELLOS)* ¿Puedo unirme?

Luisito: Claro, sí sí.

Luisito es el que mayor de ese grupo, se le nota que la crisis le ha dado fuerte, sin embargo, su humildad persiste. Le regala una de sus cervezas a Eduardo.

Eduardo: Dénle break. Eventualmente todo va a tranquilizarse. Ya verán.

Luisito: (HABLÁNDOLE A EDUARDO) Oye, no te había visto antes, pero nosotros venimos to's los días pa' despejarnos.

Eduardo: (TRATANDO DE DISIMULAR) Sí. Para eso vine hoy.

Luisito: Qué bueno que llegaste muchachito. Nos mantienes jóvenes.

Paco: Bienvenido al grupo mi pana. (LE DA UNA PALMADA EN LA ESPALDA)

Pepe: Ya que estamos aquí todos. Quería contarles... Un momento. (A EDUARDO) Muchachito, lo que se habla aquí no sale de aquí. ¿Entendido?

Eduardo: Sí, no se preocupe.

Pepe: (EN TONO SECRETIVO) Tengo un contacto que me consiguió algo de lo más bueno.

Paco: (CON DUDA) ¿Bueno?

Pepe: La mejor calidad. Los va a dejar contentitos de tan bueno que está.

Eduardo está mirando alrededor, un poco tenso ya que siente que lo están persiguiendo y ahora con miedo a que estén traficando cosas ilegales. Luisito mira a Eduardo como tratando de entender si pueden confiar en él o no, pero están tan borrachos que simplemente proceden a seguir hablando. Eduardo ve a los hombres sospechosos acercándose a la mesa y procede por actuar borracho y bajar la cabeza.

Pepe: Voy a enseñarles lo que conseguí.

Eduardo: (UN POCO TENSO) Ehh, espera... ¿Es ilegal?

Luisito: Muchacho a estas alturas, todo lo que el gobierno no controla, es ilegal.

Pepe mira a todos lados, y aunque haya poca gente en el bar, los pocos que hay se ven distraídos. Mete su mano en la chaqueta, y todos en la mesa lo observan con interés, tensión, en espera de lo que vaya a sacar. Pepe saca dos rollos de papel de inodoro, un antibacterial y dos latas de salchichas.

Pepe: ¿Qué creen?

Todos se quedan pasmados y sorprendidos como si no pudieran creer lo que Pepe acaba de sacar.

Paco: ¿De dónde sacaste eso?

Pepe: Lo conseguí de alguien underground.

Luisito: Mano qué suelte, conseguiste de lo bueno de veldá.

Paco: Dame una lata de salchicha porfa, pa' que mi novia me perdone.

Luisito: Uff. El antibacterial cuesta como $140 por botellita. Hoy en día eso es oro.

Paco: Eso es lo que yo me hago en salario semanal. ¡Sea la madre!

Pepe: Esto es pa' ustedes. Las mías ya las escondí en casa. (BAJANDO LA VOZ Y HACIENDO GESTO DE QUE MANTENGAN SILENCIO) Pero, si les preguntan, no se las di yo.

Eduardo: Eh. Wow. (UN POCO TENSO) No se preocupen por mí. Yo tengo todo lo mío.

Paco: Mejor. Más pa' nosotros.

Buscando una excusa válida para despegarse de sus nuevos amigos, Eduardo procede a mirar alrededor, hasta encontrar a Cecilia junto a Amanda hablando entre el tumulto buscando a Carlos.

Eduardo: Bueno. Me tengo que ir. Mi mujer está buscándome y no quiero que se enoje conmigo tampoco. Beban por mí.

Pepe: Muchachito, antes de irte. (LO AGARRA POR EL BRAZO Y LE SUSURRA) Recuerda, no viste nada, no sabes nada de lo que acabas de ver. ¿Entendiste?

Eduardo: Tranquilo.

Eduardo con gesto de entendimiento le extiende la mano y le sonríe con certidumbre. Él se levanta y camina disimuladamente hacia donde Cecilia y Amanda que están en el bar preguntándole al bartender si ha visto a Carlos.

Amanda: Qué bueno que te dejaron entrar.

Eduardo: No me dejaron. Entré por atrás.

Cecilia: ¿Qué?

Eduardo: No importa. Escuché a dos hombres hablando que le hicieron algo a Carlos y pues entré por atrás del bar sin que me vieran. (CON UN TONO LEVEMENTE DESESPERADO)

Amanda: (ALARMADA) ¿Qué? ¿Quiénes?

Eduardo: Shhh. No llames la atención. Están allá. (UTILIZANDO LA CABEZA PARA SEÑALARLOS) No quieren que ustedes sigan preguntando por Carlos.

Amanda: Siento que los he visto antes, pero no estoy segura.

Cecilia: Okay. ¿Por qué no los confrontaste? Vamos a confrontarlos ahora.

Eduardo: No. Espera. (AGARRÁNDOLA POR EL HOMBRO) Se ven sospechosos. Parece que son parte de una ganga. Algo traen.

Amanda: Vamos a seguirlos a ver.

Eduardo: Esa es la mejor opción. Si desaparecieron a un hombre, imagínate a cuántos más han desaparecido. Nos podrían hasta desaparecer a nosotros.

Cecilia: ¿En qué lío nos seguimos metiendo?

Eduardo observa que uno de los hombres mira su reloj, y le hace señas al otro para salir del bar. Eduardo sostiene el brazo de Cecilia y le dice a Amanda que los sigan. Los tres avanzan y cruzan entre las personas y finalmente salen. Ven que ya los hombres están de camino con prisa a otro lugar. Eduardo procede por caminar escondiéndose entre carros, mientras los observa alejarse.

Eduardo: (EN VOZ BAJA) ¡Mierda! Creo que los perdimos.

Capítulo 6

Está el gobernador Nofuiyó preparándose para dar su primer Facetime TikTok Live en la fortaleza. Podemos ver a su relacionista público ensayando el gran discurso con él, mientras una muchacha lo peina, y otra lo maquilla. Se nota que están en un salón limpio y por las pinturas y los muebles modernos que lo decoran, se estima que es recién diseñado.

Gobernador Nofuiyó: Todo esto lo hago por.. Por el...

Relacionista: (COMPLETANDO SU ORACIÓN) Por el beneficio del pueblo.

Gobernador Nofuiyó: Exacto. Todo esto lo hago por el beneficio del pueblo. Los suministros.. Ehh.. los eh. Los suministros son...

Relacionista: (COMPLETANDO SU ORACIÓN DE NUEVO) Los suministros son esenciales...

Gobernador Nofuiyó: (IRRITADO) Yo me lo sé de memoria. Por favor, dame un segundo para hacerlo yo solo. Deja de poner tanto empeño. No importa lo que yo diga, la gente me va a creer. Me puedo equivocar, o hablar babosadas, y como les caigo bien, pues me van a creer, así que deja de corregirme.

Era bien típico de Nofuiyó, ser inseguro con las opiniones de los demás y de molestarse como mecanismo de defensa. Él se queda mirándose en el espejo sonriendo, mientras le siguen arreglando y ajustando su ropa. Segundos después, entra un Coronel de alto rango y varios de la milicia con urgencia. Al parecer.

Coronel: Gobernador Nofuiyó. Disculpe la interrupción.

El gobernador prosigue mirándose en el espejo, arreglándose el pelo.

Gobernador Nofuiyó: Ajá dime. Ya interrumpiste, así que no te disculpes.

Coronel: Hemos estado dando rondas en las afueras de las calles y sentimos que hay mucho miedo entre la gente del país. Se está saliendo de control.

Gobernador Nofuiyó: Estoy tratando de resolver cosas peores. Miedo o no, no es mi problema.

Coronel: Si me permite, no creo que...

Gobernador Nofuiyó: (IRRITADO) No me diga cómo gobernar. Yo solo tengo que dar buena cara para que sientan que estoy con ellos, y que estoy tratando de protegerlos y ayudarlos. Soy la voz del país. No te metas conmigo, y no me digas qué hacer o qué no hacer. Voy a dar un anuncio para calmar a la gente como hemos hecho siempre. Y hasta ahí.

Coronel: Es que ya las personas están desesperadas y apenas se atreven salir de sus casas por miedo a que algo les pase, de tantos desaparecidos que hay.

Gobernador Nofuiyó: Pues que aprendan a sobrevivir. Esta es nuestra realidad, y hasta nosotros nos adaptamos. No veo ninguna otra manera de hacerlo. Así que, o te unes a nosotros, o te apartas, y ya sabes qué pasa con los que se apartan.

Todos se quedan callados, y tensos con la manera en que el gobernador reaccionó.

Gobernador Nofuiyó: Les recuerdo a todos los que están en este cuarto, que están aquí porque yo los elegí. Y yo soy el que los estoy protegiendo a ustedes. (PAUSA) Coronel, ¿ya me dijo todo lo que necesitaba decirme?

El coronel, coloca sus brazos detrás de su espalda baja, y mirándolo fijamente le responde. Se le nota en la mirada que tiene una tristeza naciendo en su frialdad. Al parecer, no todos son de piedra.

Coronel: Sí.

Gobernador Nofuiyó: (CON TONO POSITIVO) Bien. Bueno, vamos a grabar esta mierda para salir de esto que quiero jugar Golf Virtual con los alcaldes.

Capítulo 7

Los hombres sospechosos llegan a un área donde hay muchas carpas y casetas de campañas y personas sentadas afuera de ellas. Vemos cómo estas personas se han acoplado a vivir así, como una gran comuna. Algunos tienen ropa tendida afuera, otros cocinando en fuego y algunos hasta durmiendo en colchones expuestos. Se les nota que no tienen mucho. De reojo, Eduardo observa que tienen carteles escondidos y otros carteles bien grandes con mensajes de: "EL PUEBLO VA PRIMERO", "NOS QUITARON TODO MENOS LA DIGNIDAD", Y "JUNTOS CONTRA EL GOBIERNO". Los hombres cruzan, se viran porque sienten que están siendo perseguidos entre el tumulto de personas y se pierden. Eduardo comienza a observar todos sus alrededores y Amanda se desespera.

Amanda: Dios, ya no los veo.

Eduardo: Yo tampoco.

Cecilia: ¿Se habrán escondido?

Los tres comienzan a observar alrededor, y aparece un hombre. Se le nota que está en sus 40 años. Está descalzo y con una camisa de botones sucia abierta y desgastada. Por su barba larga se le nota que hace tiempo no se acicala.

Juano: ¡Qué bueno que se unieron!

Sale una mujer de una caseta de acampar sumamente pequeña. Por el fuerte olor que hay emanando fuera de la caseta, pueden darse cuenta que llevan tiempo sin bañarse. Con tan solo escuchar ese saludo, ya se deduce que están un poco fumados; quizás para olvidar un poco su situación, o apaciguar su sentir.

Alicia: ¡Bienvenidos! No tenemos mucho, pero lo poco que tenemos nos basta para compartir. (ELLA PROCEDE A SACAR UN PORRO) Hola. Ohana. Salud. Y paz. No se asusten, que aquí ha pasado de todo y seguimos vivos.

Eduardo y Cecilia se miran un poco confundidos y tensos porque todo fue desprevenido.

Juano: No seas maleducada Alicia. Ofréceles dónde sentarse primero.

Alicia: Espero que no les moleste, solo tenemos una silla y varios cojines.

Eduardo: No se preocupen, que no estaremos mucho…

Juano: Bah. No estaremos mucho. Eso dijimos nosotros y seguimos aquí.

Alicia saca dos cojines, y los tira en la grama para acomodarse y les ofrece a ellos un lado para que se sienten.

Cecilia: Muchas gracias, pero ya nos tenemos que ir.

Juano: Quédense un rato. Acaban de llegar y ya es de noche. Ahora como hermanos del pueblo tenemos que permanecer juntos.

Juano agarra levemente a Eduardo y lo sitúa para que se siente de nuevo. Cecilia y Amanda se miran con dudas. Alicia entra a la caseta de campaña, Juano comienza a arreglar sus alrededores y está distraído. Eduardo le hace señas a las chicas, dejándoles saber a través de gestos con las manos que van a hablar un rato y luego se van. Alicia sale de la caseta de campaña con 3 vasos.

Alicia: Oye, ¿ustedes saben de pantomima?

Cecilia: No (RÍE NERVIOSAMENTE). Es un juego que Eduardo hace siempre que vamos a lugares desconocidos.

Alicia: ¡Qué cómicos! Cada pareja tiene su lenguaje. Bueno, tomen, aquí tienen. Siéntanse en su casa.

Amanda: Gracias. ¿Qué es? (HUELE LA BEBIDA Y REACCIONA CON UN POCO DE ASCO)

Juano: Ron puro. Lo hago yo aquí mismo.

Alicia: ¿Está fuerte verdad? Es lo más que tenemos luego de todo lo que ha pasado, ¡salud! (UNE LAS MANOS EN POSICIÓN DE GRACIA)

Los tres beben por cortesía, hacen gesto de asco ante lo que acaban de tomar. Cecilia ni siquiera traga su bebida, y decide escupirla en un envase que encontró cerca, para disimular.

Juano: ¿Y cómo se llaman?

Eduardo: Eduardo. Mucho gusto.

Cecilia: Cecilia. Un placer.

Amanda: (CON CARA DE ASCO AL TOMAR UNA BEBIDA TAN FUERTE) Amanda.

Alicia: Él es Juano y yo soy Alicia. ¿Quieren fumar un poco?

Eduardo: (CON LEVE NERVIOSISMO) No, gracias. Ya estamos bien con las bebidas.

Alicia procede a prender su porro e inhalar, y se lo pasa a Juano.

Alicia: ¿De dónde son? No los hemos visto por acá.

Se le nota en la voz a Alicia que está aguantando el humo.

Eduardo: Somos de Guaynabo.

Juano: Ah. Guaynabo City. (CON ACENTO AMERICANO)

Alicia: Antes de que todo empeorara. Yo daba clases de yoga a dos o tres clientas de Guaynabo. Siempre tan adineradas mis amigas. Por allá han tenido suerte.

Amanda: ¿Suerte?

Alicia: Mira a tu alrededor. ¿Te dio duro el traguito, no?

Juano: A los de Guaynabo o del área Metro al menos les ha llegado la luz, y los suministros. Acá todo tarda más, a veces ni llegan. Encima, cuando todo se jode, el área Metro no lo siente tan fuerte como nosotros.

Amanda: Todos lo hemos sentido. Somos parte de la misma Isla.

Alicia: Solo que unos más fuerte que otros.

Amanda: ¿Y por qué no se mudan y ya, si tan bien están los demás?

Juano: Nosotros llevamos años aquí. Se nos hace más fácil sobrevivir así.

Alicia: Preferimos no darle más dinero al gobierno. (GRITANDO HACIA EL AIRE) Son unos cabrones.

Todos se quedan callados ante su expresión tan rampante e impulsiva.

Amanda: (A ALICIA) ¿Okay?

Cecilia: ¿Siempre han vivido acá? ¿O cómo llegaron?

Alicia: Caminando.

Amanda se le nota que está irritada con lo cabeza hueca que es Alicia, sin embargo, los demás notan que simplemente esa es su personalidad. También les impresiona cómo estas personas han logrado vivir en estas condiciones, y permanecer positivas ante todo.

Juano: Todo empezó cuando nos subieron los taxes. La luz no llegaba y nos la cobraban, lo mismo con el agua. Por los terremotos mi trabajo se reestructuró, luego llegó una pandemia y me despidieron del trabajo. Jamás volvieron a emplear gente. Vendí el carro para sacar un dinerito, pero no nos dio mucho porque lo gastamos en comida y pagando la casa. Esos pagos nunca frenaron. Nos subieron todos los gastos, hasta que nos quitaron la casa. Tuvimos que adaptarnos para sobrevivir, pues nos quedamos con solo lo esencial.

Alicia: Y así fue que prácticamente fundamos este espacio. Comenzamos nosotros con nuestras casetas, luego se unieron mis hermanos, luego nuestros amigos. Así sucesivamente.

Eduardo: Bueno, pero dentro de todo mal salió algo bueno. Se ven felices aquí y todos unidos.

Juano: Sí. Lo somos. Esta comunidad ha crecido y se respetan los unos a los otros. Hace tiempo no habíamos experimentado algo así.

Cecilia: Wow. Pero para que llegaran aquí, la situación fue bien fuerte, no dudo que si nos hubiese tocado a nosotros, estaríamos igual.

Juano: Claro. Gente de Guaynabo al fin.

Amanda: (CON TONO IRRITADO) No lo digas en tono despectivo. Tú también te adaptaste de cierta manera. Todos nos hemos adaptado. Todos estamos en la misma olla de este arroz con culo.

Juano procede a fumar de nuevo, y a reírse.

Juano: Oye esta sí que sabe sostener argumentos.

Alicia: Sería buena abogada. De seguro trabajó con el gobierno.

Juano y Alicia se ríen ambos. Se nota que hay una incomodidad entre el grupo, Cecilia le da un codazo a Amanda con tal de que baje su actitud y que fluya. Alicia está sonriente y le agarra la mano a Juano.

Eduardo: (EVITANDO LA TENSIÓN) ¿Y dónde se conocieron ustedes?

Alicia: Pues mano, en la Upi. Yo estaba en sociología y él en teatro. Tomábamos una clase de historia juntos. Me encantó cuando lo vi en la huelga del 2011. Era de los pocos sin camisa vestido de cavernícola, gritando con un megáfono diciendo que la UPR no se vendía. Todavía es un cavernícola, pero al menos ahora usa más ropa.

Juano: (SE RÍE) Tiempo después, pues decidimos formar esta comunidad, prácticamente fuimos los primeros. Ahora todos somos hermanos de la resistencia.

Alicia: ¡Qué viva el Boricua! (ALZANDO LA VOZ Y APLAUDIENDO) No nos dejamos caer.

Amanda: ¿Hermanos de la resistencia?

Alicia: Me encanta tu curiosidad. Siempre preguntando mucho como los niños curiosos. Somos la comunidad que resiste contra el gobierno.

Juano: Y resistimos todo lo que pase. Seguimos de pie luchando.

Amanda: ¿Y por qué contra el gobierno?

Alicia: (SONRIENDO Y CON TONO BIEN PACÍFICO) Porque no han hecho un carajo para ayudar.

Amanda la mira fijamente con suma seriedad. Se le nota que su personalidad choca con la de Alicia.

Juano: ¿Y ustedes? ¿Cuál es su historia?

Eduardo: Pues los tres estudiamos en la universidad y…

Juano: (INTERRUMPIENDO) ¡Diablo! ¿Ustedes los tres andan juntos?

Alicia: Una relación poliamorosa. (INCITANDO A JUANO) Te dije Juano, que eso está de moda.

Cecilia: No. Los tres estudiamos en la universidad de Sagrado. En 3er año conocí a Eduardo en una clase de fotografía y nos hicimos novios. Carlos es el mejor amigo de Eduardo desde chiquito, porque eran vecinos. Carlos conoció a su esposa Amanda, que está ahí (LA SEÑALA), en Tinder. No sé si sepan lo que es porque ya ni existe la aplicación, pero nada, ella lo conoció por ahí. Desde ese entonces, los 4 hemos sido bien amigos.

Amanda: Ay...sí. Mi Carlos. Cómo lo extraño.

Juano: ¿Murió?

Amanda: No. Digo, no se sabe. (CON TRISTEZA) Andamos buscándolo como loco. ¿Ustedes lo han visto por aquí?

Amanda procede a sacar la foto de Carlos, Alicia saca una lupa y un flashlight para mirar bien la foto de Carlos y lo observa detenidamente. Hace gesto de impresionada.

Alicia: Disculpa, no tengo espejuelos y los necesito. (MIRA DETENIDAMENTE) ¡Ahhh! ¡Ese Carlos!

Amanda: (ALARMADA) ¿Qué? ¿Lo has visto? Lleva desaparecido por días.

Alicia: No.

Juano: Yo menos. Con todo lo que ha estado pasando, la gente desaparece todos los días. Hay gente bien mala por ahí.

Prosiguen a fumar. Amanda se irrita un poco con su reacción y respira hondo.

Alicia: ¿Qué fue? ¿Él te dejó?

Amanda: Dije que lleva desaparecido hace días.

Alicia (EN TONO SECRETIVO HACIA JUANO): Ah, pues la dejó.

Eduardo mira alrededor, esperando a ver si vuelve a ver a los hombres sospechosos cerca.

Eduardo: Bueno, quería también preguntarles si han visto algunos hombres sospechosos o alguna actividad extraña por acá.

Alicia: No jodas que trabajas con el FBI.

Juano: O con el gobierno…

Eduardo: No. Calma. Para nada.

Alicia: Más vale que no. Sino necesitamos que se vayan de aquí.

Cecilia: No. Nosotros no trabajamos ni con el FBI, ni con el gobierno ni nada. Solo queremos saber si han visto alguna actividad sospechosa, o gente extraña pasar por aquí cerca. Vimos dos hombres en un bar, que posiblemente tengan información sobre la desaparición de Carlos y se nos perdieron.

Alicia: Hmm. (PENSANDO) Ahora que lo mencionas...

Juano: Nosotros lo estábamos hablando el otro día. Fuimos a buscar comida y pasamos por la escuela que allí abajo que lleva abandonada ya 15 años. Siempre ha estado vacía, pero últimamente al menos una vez en semana, vemos luces prendidas y gente ahí.

Eduardo: ¿Y no han entrado a ver quiénes son?

Alicia: Como están las cosas, es mejor ocuparse de lo de uno y ya. Uno no sabe si es un punto o si es gente haciendo las cosas mal.

Juano: La regla de esta comunidad es "Ocúpate de lo tuyo. No de los demás". Así hemos logrado respetar todo lo que no tenga que ver con nosotros.

Eduardo: Hmm… quizás es hora de ir a investigar.

Alicia: ¿Van a ir ahora?

Amanda: Estamos cerca. Debemos ir lo más antes posible. Siento que en cualquier momento podremos encontrarlo.

Alicia: Sí que hay gente loca en este país.

Eduardo, Cecilia y Amanda se levantan para despedirse apropiadamente.

Eduardo: Juano, Alicia, gracias por recibirnos y ayudarnos.

Eduardo le da la mano a Juano. Y Alicia comienza a abrazarlos a todos.

Alicia: Namasté… Mucha suerté. A mi genté.

Amanda: Okay, hasta aquí llegué con esta… (COMIENZA A BUSCAR LA PISTOLA EN SU CARTERA)

Cecilia: (EMPUJANDO A AMANDA CERCA DE ALICIA) Suelta eso. Abrázala y ya.

Juano: La visita fue buena. Ya saben, si quieren regresar, aquí estaremos. Gente buena no se consigue en todos lados.

Eduardo le da una sonrisa empática. Luego se vira, agarra su bulto, enciende su flashlight y procede a caminar. Cecilia y Amanda lo siguen con igual seguridad.

ACTO II

Capítulo 8

Están Marcos y Roberto esperando en un cuarto levemente encendido, con una mesa llena de objetos, y en la ubicación en la que están, se nota que está abandonada. Marcos se asoma por la ventana, y ve que ya está oscureciendo. Se ve la poca vida que hay afuera, ni siquiera hay personas en la calle. Ni personas asomadas en sus balcones. Hasta las casas se ven corroídas, con las paredes sucias, y llenas de hongo de tanto que ha llovido. Todos los negocios cerrados, y la ausencia de vida movida, al parecer ha deprimido a muchos. Roberto mira su reloj análogo, que se ve bien anticuado, pero de esos que nunca mueren. Al parecer ambos tienen prisa. Roberto con su ceño fruncido, y su porte de maleante asustaría a cualquiera. Marcos, sin embargo, es un flaco, y se le nota que no tiene una presencia fuerte.

Marcos: ¿Dónde estarán?

Roberto: Ya pronto llegarán. Y aléjate de la puta ventana. Nadie puede saber que estamos aquí.

Marcos: Aunque me asome, nadie sabrá que estamos aquí. Nadie sale a esta hora…

Roberto: Lo sé, pero no podemos arriesgarnos. Al menos el mes que viene, cambiaremos de local.

Marcos: ¿Dos meses por local dijeron?

Roberto: A veces yo me cuestiono si tú de verdad estás presente cuando te hablan.

Marcos: Es que soy olvidadizo.

Roberto: Yo te aviso cuando nos toque reunirnos en otro lugar.

Roberto enojado, se mueve para la puerta y agarra una bolsa, y empieza a sacar objetos dentro de ella. Saca un celular que parece ser un modelo anticuado, ropa, un monedero, fotos, unos relojes, sortijas, y dinero.

Marcos: Nos pegamos con esta última ronda.

Roberto: Yo creo que a estos les va a encantar.

Marcos comienza a observar todo lo que hay sobre la mesa. Y Roberto saca un cigarro de la bolsa, está casi a mitad, y lo enciende.

Roberto: Ahora sí me siento como el jefe.

Marcos lo mira con gesto de duda, y su mirada pasa desapercibida porque Roberto está disfrutando su cigarro en una silla dañada. Escuchan un ruido fuera de la ventana y ambos se quedan alarmados mirándose entre ellos. Roberto agarra su pistola y Marcos un palo de hierro que había tirado en el cuarto. Se comienzan a acercar a la ventana, y antes de que lleguen a la ventana, se abre la puerta con fuerzas.

Marcos: (CON SUSTO) ¡Ay carajo!

Entran dos hombres más. Ambos se ven igual de supersticiosos. El más grande de los dos tiene una bolsa idéntica a la de Roberto y también está un poco llena. Pedrito se ve ya cincuentón. Se nota que el tiempo le ha dado sabiduría, pero para trabajar en la calle. Se le ve que tiene dientes de oro, y por su anillo en el meñique cualquiera sabría que es mejor no meterse con él. Sin embargo, Javier, se ve que es nuevo en esto. Joven y flaco. No proyecta nada de maldad, pero sí se le nota que se deja llevar por quién esté. Se saludan y se dan las manos.

Pedrito: Cabrones, llegamos a tiempo.

Javier: (INTENTANDO HABLAR AL UNÍSONO, PERO FALLANDO POR UNOS MICROSEGUNDOS) Llegamos a tiempo. ¡Qué bueno!

Roberto: Pongan lo suyo sobre la mesa. En esta ronda conseguimos mucho.

Pedrito: Wow, ya veo. Ustedes consiguieron oro de verdad.

Javier: Oro de verdad. Que si qué. Exacto. Exacto.

Pedrito: ¿No se llevaron a nadie verdad? ¿Solo robos?

Roberto: Solo robos.

Pedrito: Nosotros conseguimos más artículos personales que nada. Casi nadie tiene nada valioso encima hoy en día.

Javier: Nada valioso. Pero de que, para nada.

Roberto vuelve a sentarse a fumar su cigarro con calma, y proceden todos a compartir y sacar objetos de sus respectivas bolsas.

Capítulo 9

Al otro lado de la ventana un poco más arriba de la calle, vemos a Eduardo con Cecilia y Amanda acercándose. La calle está vacía. Y justo en una casa de madera pequeña, se abre la puerta y sale una señora mayor a botar su basura en ese momento. Ella se detiene y los mira con incertidumbre, y mueve la cabeza de lado a lado, como expresando un "qué mal" sin palabras, y se murmura a sí misma.

Doña: (ENTRE DIENTES) Estos cabrones...

Eduardo: ¿Perdón?

Doña: ¿Qué? ¿Me van a asaltar a mí también? ¿Qué me van a quitar? ¿La bata que tengo puesta?

Cecilia: ¿Está loca?

Doña: Loca tu abuela. (ALZANDO SU BASTÓN)

Eduardo: Señora, cálmese. No queremos causarle problemas.

Doña: Yo me acuerdo cuando tenía la edad de ustedes. Yo lo único que hacía era estar metida en Facebook. Hablando mierda con todos en mis redes. Hacía amigos a cada rato. Subía fotos disfrutando mi vida, que claro, les provocaba envidia a mis amigas pendejas, pero hasta ahí. Yo jamás... jamás caería en ese nivel de robarle a los demás.

Cecilia: Señora, ¿de qué usted habla?

Amanda: Nosotros no le vamos a robar a nadie.

Doña: ¿A estas horas? Lo único que hay en la calle es gente buscando problemas. Váyanse para sus casas...

Eduardo: Mire, no queremos problemas, solo queremos ver qué está pasando en esa escuela abandonada.

Doña: ¿Para qué?

Amanda: Nos contaron que hay actividad sospechosa. Nosotros no estamos involucrados en esto, solo queremos encontrar a mi marido.

Doña: ¿Encontrar a tu marido?

Cecilia: Sí. Solo estamos buscando a su esposo.

Doña: Ustedes sí que tienen cojones. En esa escuela solo se mete gente que está en problemas.

Eduardo: ¿Quiénes?

Doña: ¿Pero tú eres sordo?

Eduardo: (YA IRRITADO) ¿O sea, qué tipo de gente?

Doña: Gente mala. (TRATANDO DE ASUSTARLOS) Llevan varios meses metiéndose ahí, y escucho las risas y los gritos.

Amanda: ¿Gritos?

Doña: A veces. Es horrible. ¿Y te digo una cosa?

Todos la miran con suspenso, esperando a ver qué más dirá que será horrible.

Doña: (CON TONO DE CHISME): Yo me hago la ciega y la sorda.

Cecilia: ¿Okay?

Doña: Ya les dije. Allí se mete gente mala.

Eduardo: ¿Y lo ha reportado?

Doña: Ni siquiera trato. No me voy a meter en guerra con quien no ha lanzado tiros. Y yo les digo, he visto a gente entrar y no volver a salir jamás. Y mira que hay mucho desaparecido...

Cecilia: (A EDUARDO) ¿Soy yo? ¿O esta como que cuenta el chisme en cantos?

Amanda: Entonces quizás Carlos desapareció ahí...

Doña: Ay bendito. Quisiera yo a tu edad haber tenido tantas esperanzas. Te cuento una cosa, antes yo tenía un jardín hermoso, tan hermoso que hasta gané en competencias con él. Estuve años construyendo mi jardín, hasta que un día vino el huracán, y se me dañó completamente. Totalmente destrozado, pero yo era de las pocas con fe de que todo iba a mejorar. Poco a poco, todo se comenzó a reconstruir. Recuerdo que ya mi jardín estaba tomando vida. Pasaron dos años y comenzaron los cabrones terremotos. Se me volvió a joder el jardín, y hasta las paredes de casa se dañaron. Comencé a perder un poco más la esperanza, y un tiempo después llegó una jodía pandemia. Ni podía salir de mi casa, ni para comprar más putas plantas en Home Depot. Pero logré reconstruir el jardín finalmente, de tantos meses que estuve encerrá con el maldito jardín que tanto quise. Y déjame decirte, quedó bello. Como nunca antes, lamentablemente, después vino otro huracán, otro terremoto y hasta amenaza de meteorito, ¿y sabes qué? Se me volvió a joder el maldito jardín.

Eduardo: Wow.

Doña: Sí. A lo que voy es que, por más que riegues tu jardín, si está destinado a joderse, pues se va a joder. Si tu esposo se perdió, como mi jardín, pues está destinado a joderse.

Cecilia: Señora, pero qué mentalidad tan negativa.

Doña: Mis hijos, les deseo suerte, y la misericordia de todos los dioses que existen. En el nombre del Padre... del Hijo...

Eduardo: (INTERRUMPIENDO) Pero si cuando llegamos nos mandó al carajo.

Doña: ...Hijo de puta. (ALZANDO EL BASTÓN) Váyanse pal carajo. Salgan de aquí entonces. A buscar problemas a otro lado.

Eduardo: Okay. Okay. Ya vamos.

Capítulo 10

Eduardo completamente confundido con el cambio de humor de la doña, comienza a moverse con cautela por la calle vacía. Pasan cerca de muchas casas de maderas, todas apagadas, como si estuvieran abandonadas también. Pasan después por un parque completamente vacío con los columpios llenos de moho, y encuentran uno roto, pero se percatan que habían juguetes de niños tirados alrededor, al menos sabían que había vida cerca de ese barrio. Finalmente, llegan a la escuela y ven que hay unos ruidos saliendo de uno de los salones. Eduardo procede a acercarse cautelosamente a la ventana junto a Cecilia y a Amanda y les hace gesto a las dos de que no hagan ruido. Se unen y observan todo lo que está pasando desde afuera.

Pedrito: Conseguí hasta unos espejuelos. Están rotos, pero son de marca.

Marcos (LEYENDO LA MARCA): Ah son Bersasi.

Javier: Bersasi. Sí esos mismos.

Pedrito: Versace. Por Dios, ¿estos morones de dónde los sacaron?

Roberto saca de la bolsa de ellos un par de tenis deportivos que se ven gastados pero llamativos, una gorra de los Yankees clásica, dinero, y una cadena dorada.

Amanda: (SUSURRANDO): Esa se parece a la cadena de Carlos. Estos cabrones.

Eduardo: Se jodieron porque voy a llamar a la policía.

Cecilia: ¿Qué hará la policía con unos matones?

Amanda: ¿Matones? (AL BORDE DE LLORAR) Entonces, ¿crees que Carlos está muerto?

Eduardo: Shh. No llores. Ceci, hay miles de personas desaparecidas en menos de meses. Miles. Y esta gente tiene sacos de objetos llenos de cosas... Algo anda raro. Voy a llamar. Quizás se pongan a investigar, no sé. Quédense aquí velándolos.

Amanda: Eh, no sé si esa sea la mejor opción.

Cecilia: Eduardo, avanza y llama. Ya de seguro están planificando su próxima víctima.

Amanda: No lo sé. ¿No creen que ya alguien debe haber tratado eso y por eso siguen aquí?

Cecilia: Lo dudo.

La duda de Amanda está un poco extraña entre ellos, y Amanda prosigue con el plan de Eduardo.

Eduardo: Amanda, dejemos el miedo a un lado. Ya llamo. Quédense aquí.

Eduardo se aleja de la ventana, y saca su celular, con poca señal y procede a llamar. Roberto comienza a reírse alto, mirando los tristes 40 dólares que tienen, y le comparte el cigarro a Pedrito. Marcos los mira confundido, y Javier por costumbre, también se empieza a reír.

Eduardo: Sí, ¿policía? Llamo porque estamos viendo actividad sospechosa en una escuela abandonada. Hay cuatro hombres con objetos de personas desaparecidas, y con mucho dinero. Sí. Estoy en Río Piedras, Calle 2. Sí por favor. Esperaré por acá. Gracias.

Las chicas prosiguen mirando la escena de los hombres. Arrodilladas detrás de la ventana. Eduardo comienza a acercarse a ellas, y de la nada en menos de un minuto, llegan unos policías. Acordándose de que luego de ciertas horas, hay policías dando rondas por las calles, con ansias de disminuir la criminalidad. Los policías llegan donde él, gritando a toda voz, sumamente volátiles y molestos apuntando con las pistolas.

Policía 1: ¡Alto ahí!

Eduardo: (CON LOS BRAZOS ARRIBA) No. Se equivocaron. Yo soy el que llamé.

Policía 2: Cállese la boca.

Eduardo: Se están equivocando. Hay unos hombres sospechosos adentro.

Los policías bruscamente corren hacia donde Eduardo y lo arrestan.

Eduardo: Pero por qué tanta agresividad, si yo no ataqué ni estaba agresivo.

Los hombres dentro del cuarto escuchan toda la conmoción, y deciden salir con sus armas afuera del edificio. Cecilia se levanta para defender a Eduardo de los policías, mientras Amanda con suma rapidez, al mirar lo sucedido, procede a esconderse de todos detrás de unos drones de basura. En cuestión de segundos, en esa pequeña calle, se formó una algarabía en plena noche, con gritos y empujones. Los policías armados con lo tensos que están, arrestan a Cecilia por ayudar a Eduardo y lo arrestan a él también. Se abre la puerta de la escuela abandonada y sale Pedrito primero con su pistola.

Pedrito: ¿Qué está pasando aquí?

Javier: ¿Pasando aquí?

Los policías los miran y por reacción, también alzan sus pistolas hacia donde ellos de vuelta. Todos se miran sumamente tensos, apuntándose las pistolas entre ellos.

Eduardo: Es a ellos que hay que arrestarlos. No a nosotros. Se equivocaron.

Cecilia: (GRITANDO) ¡No disparen! ¡No disparen!

Luego de un breve momento de tensión y todos callados mirándose con las pistolas arribas...

Policía 2: Ah, es Pedrito y Roberto.

Los policías bajan las pistolas.

Pedrito: Ah, mira, dos más para llevar. ¡Qué bien!

Policía 1: (REFIRIÉNDOSE A CECILIA Y A EDUARDO) Estos se van a joder.

Eduardo: ¿Qué? ¿Cómo así?

Roberto: Estos nos venían persiguiendo desde el bar. Entrometidos.

Policía 1: ¿Ah, sí?

Eduardo: Ellos son los que se llevaron a Carlos. Nosotros no hemos hecho nada mal.

Cecilia: No entiendo. Los malos son ellos, no nosotros.

Eduardo: ¿Esto es un chiste?

Policía 2: Cállense ya, o disparo. No más preguntas.

Pedrito: Javier, busca a ver si tienen algo que nos interese.

Javier: Algo que nos interese, claro.

Javier corre a donde Cecilia y Eduardo, y le coge el bulto a Eduardo y a Cecilia le roba las meriendas que llevaba encima.

Cecilia: Puñeta. (GRITÁNDOLE A LOS POLICÍAS) ¿Por qué dejan que nos roben?

Eduardo: Déjenla quieta. ¿Trabajan juntos estos cabrones?

Roberto procede a abrir los bultos y ve que hay una pistola adentro, y Roberto la enseña.

Roberto: Esta gente es peligrosa.

Eduardo: Es para protegernos de gente como ustedes. ¡Imbéciles!

Pedrito: Otra pistola para la colección.

Roberto: Ah, y un demo que dice: "Dale duro, y patabajo".

Pedrito: ¡Son gente mala de verdad!

Eduardo: Eso.. eh... Eso...Eso no es mío.

Policía 1: No volveré a repetirlo. Si no se callan, me voy a asegurar que desaparezcan también.

Entre el enojo y el forcejeo de los policías, Cecilia nota que Amanda está escondida, y no dice nada. Y Amanda le hace gesto de silencio con las manos.

Pedrito: Llévenselos. Ya tenemos todo lo que necesitamos.

Javier: Todo lo que necesitamos.

Roberto: Esperen que aquí falta algo... o alguien, mejor dicho.

Creando una tensión increíble, Roberto los observa a ambos como si estuviesen escondiendo algo más. Eduardo sumamente tenso y Cecilia incómoda, ambos pensando en que no quieren que descubran a Amanda. Roberto procede a caminar, observando sus alrededores, hasta que aparece Marcos detrás de la puerta de la escuela.

Marcos: ¿Qué buscas?

Roberto: Agh, te estaba buscando a ti.

Marcos: Estaba buscando cosas dentro del salón.

Roberto: Te he dicho mil veces que nos quedemos juntos por si pasa algo. ¿Por qué no aprendes ya?

Marcos: Ah, verdad.

Pedrito: Estos dos son un matrimonio.

Javier: Son un matrimonio.

Pedrito: Javier. Ya. Repíteme una vez más y te juro que te vas con estos dos. (SEÑALANDO A CECILIA Y A EDUARDO CON SU PISTOLA)

Policía 1: ¿Ya nos podemos ir?

Pedrito: Sí. Ya estamos. Llévenselos.

Roberto: Le dicen al jefe que esta captura fue de nuestra parte también.

Policía 2: Claro, ya le diremos. Gracias.

Policía 1: Vámonos.

Eduardo y Cecilia continúan forcejeando mientras los policías se los llevan al cuartel. Y los otros hombres proceden a entrar al salón. Amanda se sienta, y está procesando todo lo sucedido. Un poco estupefacta por todo. Se calma a sí misma. Es la primera vez que tiene que decidir entre levantarse e irse tras los policías para llegar al cuartel a rescatar a sus amigos, o vigilar a los sospechosos para que revelen dónde está Carlos. Nuevamente, Amanda se encuentra entre la espada y la pared, para decidir cuál será su próxima movida.

Capítulo 11

Está el gobernador reunido en una conferencia con la prensa, guardias, otros políticos, y se les brindó acceso limitado a ciertas personas del pueblo. Al parecer, están dando un anuncio de manejo de crisis. No era común que hicieran este tipo de cosas, ya que el gobernador no estaba cómodo con responder preguntas en vivo. Le gustaba más ensayar sus respuestas, para así poder mantener control. Está parado en un podio, contestándole preguntas a reporteros. Usualmente en este tipo de eventos, él también invitaba a reporteros que trabajaban a favor de él, para evitar malos ratos. Sin embargo, siempre se metían reporteros independientes para sacar la verdad a la luz.

Reportero 1: Señor Gobernador, ¿qué está haciendo para disminuir la criminalidad en tiempos de crisis?

Gobernador Nofuiyó: Pues, estamos ahora asignando policías para dar rondas en ciertos sectores. Agraciadamente, nuestro equipo ha determinado que esto ha disminuido la criminalidad en esas áreas. Por eso, intensificaremos este sistema para así establecer mejor control.

Reportero 2: ¿No cree que eso es una solución superficial? Las personas estamos en necesidad, y eso incrementa la necesidad de quitar a los que tienen, porque aquí no hay.

Gobernador Nofuiyó: Por el momento nos está funcionando perfectamente. Los suministros se están repartiendo equitativamente.

Reportero 2: ¿Y qué usted opina sobre el aumento en desapariciones? Hace poco uno de sus policías subió un post diciendo que usted no estaba trabajando por el bien del pueblo, y que tuvo que renunciar y mudarse del país porque usted le mencionó que iba a haber consecuencias. ¿Eso es cierto?

Nofuiyó, en su podio luego de darle una mirada horrible a ese reportero, le sonríe levemente. Al parecer es uno de los reporteros que siempre aparece y siempre le lleva la contraria al oficio de Nofuiyó.

Gobernador Nofuiyó: A estas alturas, cada cuál tendrá una opinión sobre cómo se hacen las cosas, pero por ahora, establecimos un sistema para evitar las desapariciones y monitorear los robos. Mayormente cae en manos de los que están en la calle, por eso se le está reforzando a los policías a ser más rígidos en su trabajo. Los que han renunciado, o nos han dado la espalda, es porque no pueden con la presión.

Reportero 3: Pero, ¿no cree que también hay un serio problema de necesidad? Mientras usted y los demás del gobierno están bien en sus casas, hay gente pasando necesidad.

Gobernador Nofuiyó: (EN TONO IRRITADO) Okay. Entonces, párese usted aquí y dígame, ¿cómo haría? Porque que yo sepa, yo soy el gobernador, no ustedes. Y mi trabajo es bien difícil.

Un asistente se para al lado del podio para calmar al gobernador, y se ve que le susurra algo al oído, bastante breve. Mientras él baja la cabeza para escuchar y evitar mirar al público. El gobernador cierra los ojos y respira hondo y vuelve a sonreír como si nada hubiese ocurrido.

Gobernador Nofuiyó: Disculpen. Ha habido mucha presión. Quiero que todos sepan que se está trabajando arduamente para que todo caiga en su lugar. No haya bajones de luz, se normalicen los precios, los trabajos comiencen a emplear, los robos disminuyan y las desapariciones también. Mi partido está arreglando los errores de los gobernantes pasados. Y encima, ha habido muchas situaciones climáticas fuera de nuestro control, pero estamos aquí trabajando por todos. (ALZANDO LA MANO Y DESPIDIÉNDOSE CORTÉSMENTE) Nos tenemos que ir. Gracias a todos por asistir.

Se baja del podio mientras hay una algarabía y todos comienzan a gritarle al gobernador porque se está yendo sin contestar muchas preguntas.

Capítulo 12

Aparece Eduardo acostado en la cárcel y se levanta con prisa. Al parecer se quedó dormido. Mira alrededor, y se asoma para ver si hay policías cerca, o alguien que lo pueda ayudar. No logra ver a nadie. No sabe ni cuántas horas lleva ahí, y comienza a gritar desesperadamente, pidiendo ayuda. Alguien evidentemente aparecerá.

Eduardo: Ayuda. Auxilio. ¿Hay alguien ahí?

Luego de unos minutos gritándole a la nada. Él se detiene porque escucha un murmullo de alguien en su misma celda. Se percata que hay alguien acostado en el otro lado, en una cama completamente arropado.

Eduardo: ¿Hola?

La persona se levanta, y va a donde él. Por las sombras y por el tamaño, se nota que es un hombre fuerte, y que no está muy feliz con todo el ruido que él acababa de hacer. Asustado, él toma unos pasos para atrás, pidiéndole que por favor no le haga daño. Se acerca lo suficiente a él como para extenderle los brazos y agarrarlo por los hombros. La luz de la celda le refleja la cara, y parece ser un hombre con facciones y ropa de mujer. Sin embargo, con la ternura que abrazó a Eduardo, reflejó lo contrario.

Caro: Calma muchachito. Lamentablemente, aquí están entrenados para no hacernos caso una vez ya estemos aquí adentro.

Su voz era masculina, pero con un tono dulce y sutil. Caro se despega de él y le da un poco de espacio para que respire. Eduardo un poco tenso, observa a su nueva compañera de celda con respeto. Por su manera de moverse y su porte, se nota que es fuerte e independiente. Es curioso como su maquillaje se ve bastante llamativo para estar en una celda.

Eduardo: Quién...¿Quién eres?

Caro: Me dicen Caro.

Eduardo: Yo soy Eduardo. Mucho gusto.

Caro: Nene, encantada.

Eduardo: Gracias por abrazarme. Es extraño, pero eso me calmó.

Caro: Muchacho, lo hice porque así mismito me pasó a mí en mi primer día acá. Uno se siente solo hasta que alguien le demuestra que está ahí para uno.

Eduardo: ¿Cuánto tiempo llevas acá?

Caro: Meses. Quizás años. Ya los dejé de contar. Lo único que me tiene tranquila es que me dejaron llevarme el maquillaje. ¿Tras de fea, despeinada, y sin maquillar? Nene no. Me mato.

Eduardo: A mí ni siquiera me dejaron llevarme mis cosas, ni nada.

Caro: Son unos cabrones. Están robando todo lo que les interese.

Eduardo: Pero lo mío fue injusto. Yo no hice nada mal. No entiendo.

Caro: Nene, ¿y tú crees que yo sí?

Eduardo: Perdón, asumí.

Luego de una breve pausa. Eduardo observa cómo Caro se para al frente de un espejo, y comienza a peinarse el pelo y a retocarse el maquillaje, como si fuese a verse con alguien. Eduardo se sienta en la cama y le pregunta.

Eduardo: ¿Vas a salir pronto?

Caro: Ay nene, son cosas que uno hace para mantener la cordura. Y por si algún día me dicen de sorpresa que me van a sacar, pues estar preparada. Bien bella y bien perra.

Eduardo: Y...¿por qué estás aquí?

Caro: Te cuento, chulo. Para mí, es una situación de estar en el lugar equivocado con la gente equivocada. Ese tipo de cosa.

Eduardo se sienta de nuevo en su cama y mientras habla, Caro comienza a actuar como cuando la arrestaron.

Caro: Una noche, andaba con amigas en un chinchorro, bebiendo tragos y bailando. Estábamos todas pasándola bien. Mis amigas ya estaban borrachas, y estaban poniéndose como quien dice, "facilitas". Se nos acercaron unos hombres, y nos sacaron a bailar.

Caro comienza a hacer gestos como si estuviera bailando en el bar con un hombre.

Caro: Pues uno de los cabrones, se me pega bailando, y me susurra al oído en su voz pendeja y anormal, (IMITÁNDOLO) "Mera mami. Estás bien buena. Vámonos de aquí". Y yo bien sumisa, porque estaba ya prendía, accedí. Le dije, "pa' donde tú quieras papi. Me voy a toas'". Bien sueltecita yo. Terminó la canción, y me fui con el chamaco para su carro. Luego de besarnos, vino y me empezó a acariciar. Comenzó en el cuello... Fue bajando...

Eduardo comienza a mirarla con expresión extraña, y con tensión ya que Caro está siendo tan detallista con una escena sexual.

Eduardo: Eh...está bien, no tienes que seguir.

Caro: Nene, tranquilo que ahora es que se pone bueno... y te lo cuento porque te ves que eres bien pamemo y que no le harías nada a una mujer. Bueno, pues él fue bajando hasta llegar a mis muslos, y en ese momento paró. Y su amigo pendejo tocó la ventana y riéndose, le dice: "¿Ahora eres pato?" en tono de burla. Como si fuese algo malo. El muchacho comenzó a insultarme a gritar: "¿Por qué no me dijiste? Eres un hijueputa" y en mi borrachera, bien alterá le dije: "No te quejaste porque te estaba gustando". Eso al parecer lo enojó más aún. Comenzó un forcejeo de su parte, y empecé a gritar. Su amigo intentó abrir la puerta, pero estaba cerrada. Finalmente, saca su pistola y me dice: "cálmate o disparo". Lo más cabrón es que sé que le gusté. Pero al darse cuenta que su amigo lo vio, se abochornó. ¿Puedes creerlo?

Eduardo: Wow. Lo siento mucho. En serio que la gente está cabrona.

Caro: Bah. ¿La gente? Los hombres más que nada. Y si son policías peor. Todos son unos cabrones. Me arrestaron y ni siquiera estaban uniformados. Imagínate la ira que tenía en ese momento.

Eduardo: Es que no entiendo. No entiendo el nivel de corrupción que hay.

Caro: Es que con lo mal que estamos, la gente revela sus verdaderos colores. ¿Y tú chulo? ¿Por qué estás aquí?

Se le nota la frustración a Eduardo. Se pone las manos sobre los ojos como si estuviera liberando su estrés y respira hondo.

Eduardo: Pues, todo comenzó cuando la esposa de mi amigo...

Caro: Agh, yo he escuchado esto antes. No sabía que eras tan maluco. Continúa.

Eduardo: (NERVIOSO) No, eso no es. Pues ella nos pide ayuda, a mí y a mi esposa, para buscar a su esposo, porque también es amigo nuestro. Llevaba desaparecido como por 3 días. Decidimos unirnos en este tiempo los tres, y lanzarnos a la calle a buscarlo.

Caro: Qué locura. ¿De verdad pensaron que lo iban a encontrar?

Cecilia: En ese momento, no sé, pensábamos que sí. No nos íbamos a detener. Pues encontramos a dos señores, que se veían sospechosos en un bar que habían hablado entre ellos que le habían hecho algo a Carlos.

Caro: Nene ¿pero me vas a contar la obra completa o qué?

Se escucha un murmullo en el otro lado de la celda, y se escucha a alguien hablar desde el otro lado.

Carlos: ¿Eduardo?

Eduardo se detiene al escuchar esa voz que tanto reconocía. Carlos se acerca a la barandilla de la celda. Se le nota que apenas ha dormido, y se ve hasta pálido.

Eduardo: ¡Carlos! Dios mío.

Carlos: No sé si alegrarme o entristecerme porque estás aquí.

Eduardo: Lo menos que me imaginé era encontrarte aquí.

Carlos: No sabía que me fueron a buscar. Ya estaba perdiendo la fe…

Caro: Ay nene, tú lo que llevas aquí son horas prácticamente, comparado con los demás.

Eduardo: Caro, este es el amigo que te dije que estábamos buscando.

Caro: Qué chiquito es el mundo. O sea, qué chiquita es la cárcel.

Carlos: Escuché parte de lo que dijiste. (MIRANDO HACIA LAS CELDAS CON ANSIEDAD) ¿Estás solo aquí?

Caro completamente desinteresada con la conversación, se sienta en su cama y comienza a leer una revista con machos sin camisa, mientras Eduardo y Carlos se hablan entusiasmadamente.

Eduardo: Arrestaron a Cecilia también, pero no sé dónde está. Creo que debe estar aquí. ¿Sabes si hay alguna manera de saber si está aquí?

Carlos: Difícil saberlo.

Eduardo: Solo espero que no la hayan llevado a otra cárcel.

Carlos: No me sorprendería que lo hicieran por joder.

Eduardo: (GRITANDO) No soporto a los policías ni la corrupción que hay en este país.

Eduardo se sienta en un lado de su celda y Carlos se sienta en el lado opuesto a él. Ambos están callados y desesperados. Carlos se pone la mano sobre la frente, como si estuviese ya aceptando que esta sería su nueva vida.

Carlos: (EN VOZ TRISTE Y BAJA) Eduardo.

Eduardo: ¿Sí?

Carlos: A Amanda nunca la arrestaron, ¿verdad?

Eduardo: No. ¿Cómo sabes?

Carlos suspira y mira hacia el lado, como para evitar mirarla a los ojos.

Carlos: Hace unos meses atrás, cuando todo empezó a empeorar, y las cosas comenzaron a salirse de control en el país, y la necesidad aumentaba, pues opté por salir a la calle a buscar las cosas que nos faltaban, y a tratar de conseguir trabajo.

Eduardo: Sí.

Carlos: Cada cierto tiempo, yo llegaba a la casa, y notaba que habían más cosas que antes en nuestra nevera y objetos de valor que nunca había visto antes. Le cuestionaba a Amanda y siempre me decía que los conseguía o se los donaban en el trabajo.

Eduardo: No puede ser...

Carlos: Siempre me dio mala espina. Así que un día que ella salió, pues la perseguí, y la observé unirse a un grupo de policías. Logré ver cómo pararon a un señor que estaba vendiendo hot dogs en la calle. Vi cómo ellos comenzaron a regañarlo, todo escaló, hasta que lo arrestaron y le robaron todo lo que tenía encima.

Eduardo: ¿Amanda trabaja con la policía? Es que no sé cómo nunca lo sospeché.

Carlos: Estaba completamente indignado, y fui a ayudar al tipo. Me alteré, y casi me arrestan a mí también, hasta que Amanda me defendió y les prometió que yo no iba a volverlo a hacer.

Eduardo: No puedo creer que ella trabaja con ellos.

Carlos: La enfrenté y peleamos horrible. Esa noche fui a echar gasolina, y de la nada, un grupo de tipos me empezó a acusar de que yo robé. Sin yo haber hecho nada. Cuando les miro las caras, son los policías que andaban con Amanda.

Eduardo: Dios mío…

Carlos: Seguían acusándome, hasta que me fui y me empezaron a perseguir. Entre todos me acorralaron y me arrestaron, hasta traerme aquí.

Eduardo: Aún no puedo creer que no nos lo dijo.

Carlos: Claro que no te diría. Digo, yo no sé si ella sabe que estoy aquí o no, pero sé que no puedo confiar en ella.

Eduardo: Quizás, era parte de su plan que nos arrestaran y a ella no.

Carlos: Sí, es que es mucha casualidad que todos estemos aquí excepto ella.

Caro: Wow. Este chisme está mejor que los de Caso Cerrado.

Un poco después, comienza a hablar un coronel por el audio de la cárcel, pidiéndoles a todos que se reúnan. Eduardo se levanta y mira alrededor con susto. Ni Carlos ni Caro se mueven, permanecen en sus posiciones completamente indiferentes.

Eduardo: ¿Qué es eso?

Carlos: Una vez al mes, el coronel tira un mensaje a los policías.

Caro: Es más para reunirlos a todos. Siempre hablan mierda.

Eduardo: Se escucha perfecto desde aquí.

Caro: Siempre. Nene, así es que me entero de todo chisme.

Capítulo 13

Entra un sargento y junto a él el Coronel de alto rango y reúne a los policías en las afueras de la cárcel. Están todos en fila y entre ellos, se ven a los sospechosos también, siendo parte de ellos. El comandante comienza a gritar y a pasar por las filas dándoles instrucciones a cada uno sobre qué está pasando y qué deben hacer, retumbando en los huecos de aquella cárcel decrépita, se podría escuchar claramente el anuncio sin que ellos se enteraran. Vemos a Nofuiyó parado en un podio en el centro junto al Coronel.

Pedrito: (HACIA ROBERTO) Esta semana robamos en cantidad. Nos van a dar las gracias por el trabajo. Ya verás.

Roberto: (CON ORGULLO) Sí. Mejor no lo pudimos haber hecho.

Coronel: (EN EL PODIO DIRIGIÉNDOSE A TODOS) Muy buenas tardes a todos. Hoy tenemos un invitado especial. Vino personalmente para dejarles un mensaje importante. Ahora les dejo, con el Gobernador Nofuiyó.

Todos aplauden con respeto. Marcos, Roberto, Pedrito y Javierito se sienten aludidos y creen que el gobernador dirá una buena noticia o felicitarlos por su labor.

Gobernador Nofuiyó: Muy buenas tardes, compañeros y compañeras. La familia Nofuiyó lleva años trabajando para esto, y finalmente, poco a poco lo hemos estado logrando, junto a ustedes. Por orden del gobierno, les indico, que algunos de ustedes nos están fallando. Nos están fallando porque se simpatizan con personas en necesidad, y en especial, a los futuros arrestados. Les recuerdo, hay límite de recursos, y límite de bienes. Tenemos la orden de arrestar a todo aquél que queramos, con tal de dividir los recursos, entre ustedes, los suyos, y los elegidos del gobierno.

Eduardo observa a Carlos con cara de preocupación, y él sigue con gesto de tristeza mirando hacia el suelo. Como si ya esta batalla no se ha de poder ganar. Caro sigue pasando las páginas de la revista con desinterés.

Gobernador Nofuiyó: Tenemos varios policías encubiertos, vestidos de ciudadanos en la calle, pero todos operamos bajo unas reglas sencillas. Ustedes arresten o busquen motivos para arrestar. Obtengan lo que puedan de la persona que arrestaron, y traigan aquí, para reportar los objetos al gobierno. Todo lo que se extraiga de la persona, se dividirá entre nosotros, los de clase alta y los del gobierno. Esta medida extrema de supervivencia fue sobreimpuesta por el bien de todos. Estamos todos trabajando así, con el fin de que podamos sobrevivir los más fuertes. Siempre hemos tenido control, así que esto no debe ser difícil para ustedes...

Un tiempo después, comienza a sonar una alarma dentro de la cárcel y unas luces comienzan a parpadear. Vemos cómo los encarcelados se empiezan a agitar y a darle a las celdas.

Eduardo: ¿Esto también es parte del protocolo?

Carlos: (ALARMADO) Eso nunca lo había escuchado antes.

Caro: Uy, parece que alguien se escapó.

Al frente de las celdas se ven unas siluetas de personas corriendo por los pasillos, con las luces parpadeando en la oscuridad. Dos personas resaltan de ese grupo, y se acercan a la celda de Carlos y Eduardo. Se detienen frente a ellos, y es Amanda y Cecilia. Amanda está en su uniforme de policía. Comienza a sacar todas las llaves para intentar abrir las puertas, mientras todas las otras personas en celdas cerca comienzan a gritar para que los liberen también. En fila, poco a poco comienzan a liberarlos.

Amanda: ¿Carlos? ¿Estabas aquí?

Carlos: Cecilia, cuidado, que por ella estoy aquí.

Eduardo: Es una traidora.

Cecilia procede a seguir soltando a personas en las celdas cercanas a ellos. Y a notificarles que esperen afuera de la cárcel.

Amanda: Acabo de darle la espalda a todos los policías del país prácticamente y al gobierno, con tal de sacar a gente de aquí...

Carlos: Yo no confío en eso. Por tu culpa muchos están aquí.

Amanda: Yo nunca arresté a nadie Carlos, no tuve las fuerzas. Pero era trabajo, y era algo para poder sustentarnos a ambos.

Carlos: Jamás pensé que cayeras tan bajo como para hacerle daño a la gente de tu propio país.

Amanda: Esos nunca fueron mis principios. Apenas duré con ellos, y como vieron que te di la razón, nos marcaron a ambos. Luego de ese incidente estuvieron tratando de hacerme daño a mí también, pero como ya conozco el sistema, logré esquivarlos.

Carlos: ¿Por qué no me buscaste aquí?

Amanda: Tan pronto pasó, todo lo que pasó entre nosotros, renuncié. Yo pensé que me dejaste y que desapareciste por eso. No pensé que te habían arrestado.

Carlos: Si renunciaste, ¿cómo lograste entrar?

Amanda: Todos los meses hay reunión de status y había escuchado que había un anuncio importante, yo sabía que era hoy. Me vestí en uniforme para pasar desapercibida. Y logré entrar. Sé dónde está todo para llegar a soltarlos.

Cecilia: Entiendo el cuestionario, pero nos tenemos que ir.

Amanda abre la celda de Carlos, para liberarlo, y se comienzan a escuchar ruidos de los policías alterados corriendo hacia donde ellos.

Eduardo: Avancen, que ya vienen.

Amanda: Vamos afuera ahora.

Se comienzan a escuchar pasos de la policía acercándose a ellos. Corren a las afueras de la cárcel, hasta detenerse. Están todos los encarcelados afuera de la cárcel. Amanda se voltea y escucha a los policías salir con sus armas en posición de defensa.

Eduardo: (HACIA AMANDA) ¿Estamos seguros que queremos hacer esto?

Amanda: (A EDUARDO) Tenemos que hacerlo. Esto tiene que acabar.

Eduardo se ubica al lado de Amanda, y a su otro lado está Cecilia. Ambos con orgullo defendiendo a su amiga. Sienten como si estuviesen representando a todo un país completo, con tal de estar ahí.

Pedrito: (AGARRANDO SU PISTOLA) ¡Regresaron estos cabrones a joder!

Roberto: Yo sabía que había que librarnos de ellos desde que los vi.

Aparece el gobernador junto a dos guardaespaldas cerca de los policías y comienza a mirar en dirección de Amanda. Todos parecen estar confundidos con lo sucedido.

Gobernador Nofuiyó: ¿Se rebeló una policía?

Coronel: Una ex policía, señor.

Gobernador Nofuiyó: (IRRITADO) ¿Pero solo una, logró causar todo esto?

Amanda: (GRITANDO) ¡Ya basta del abuso! Basta de las injusticias. Todos estamos en necesidad, sí, pero para poder sobrevivir, no debemos aplastar o limitar a los nuestros. Eso tampoco es vivir. Todos merecemos igualdad, y justicia.

Gobernador Nofuiyó: No haga esto. Díganos qué quiere, y se lo daremos. Esta gente que acaba de liberar, son peligrosos todos.

Coronel: Baje el arma, o dispararemos.

Roberto: (APARTE A PEDRITO) Esta gente sí que nos ha traído muchos problemas.

Amanda: Yo tengo un arma más fuerte de la que ustedes creen. Tengo al pueblo conmigo y los que soltamos, ya saben lo que ustedes están haciendo. Ni ustedes ni el gobierno podrá esconder nada. Los peligrosos son ustedes, que con su corrupción le han quitado tanto al país y no nos queda más que la dignidad. Queremos un país libre, y con justicia para todos.

Comienza poco a poco a aparecer gente de las carpas, con hasta gente de la calle y el bar. Todos están molestos. Se ve a la gente utilizando otro tipo de arma vista comúnmente en los pasados años, sus celulares. Grabando todo lo que está sucediendo.

Coronel: (AL GOBERNADOR) Esto se va a salir de control, son muchos más que nosotros.

Gobernador Nofuiyó: No debemos ceder. Tenemos más poder que ellos.

Coronel: Señor, le recomiendo que trate de hablar con ella, y que puedan negociar un consenso.

Gobernador Nofuiyó: No. Esto acaba hoy. No voy a cambiar nada. Ellos son los que tienen que ceder. Nosotros mandamos aquí.

Amanda en megáfono, junto a la gente del pueblo atrás.

Amanda: Se acabó la injusticia. Aquí se vivirá con lo que hay, y se buscará el bien de todos. El que tenga más es porque lo ha trabajado, no porque lo ha robado o quitado. ¡Se acabó!

Coronel: Esto no pinta bien para nada. Nos están grabando, y ya usted sabe la fuerza que tiene eso en nuestro país.

Gobernador Nofuiyó: Coronel, dé la orden de ataque. Esta gente está buscando pleito, y hay que darles una lección de alguna manera u otra.

Se nota la desesperación de los policías. El coronel lanza un gesto, que impulsa a los policías a correr y atacar en dirección al pueblo con sumo enojo. Vemos cómo Amanda, Eduardo, Cecilia y Carlos todos están agarrados por sus brazos firmemente. Al parecer, años de traición y de desesperación acaban de desvanecerse ante un momento. Se escuchan gritos, y de la nada el sonido de un disparo. De repente, se apaga la luz.

Capítulo 14

Unos meses después luego de sucedido esto. Vemos a Cecilia en su casa con Eduardo. Están en la sala juntos, se les nota que están mejor vestidos y que el tiempo ha trabajado a su favor. Está el televisor encendido y ambos están escuchando las noticias:

Locutor de TV en vivo: Luego de un arduo enfrentamiento de excarcelados, personas de áreas cercanas y policías, se logró esparcir la voz en toda la Isla sobre los planes del gobierno de Nofuiyó. Liderado por la Señorita Amanda Vélez, millones de personas se unieron estas pasadas semanas para enfrentar la injusticia policíaca, y gubernamental, frente a las cárceles logrando que el gobierno haya cedido, e inclusive, se han liberado personas que injustamente fueron encarceladas alrededor del país. Por este delito, se optó por encarcelar a Nofuiyó y a muchos de su partido que fueron partícipes de esto. Los policías que también formaron parte de este plan, están bajo suspensión e investigación sobre los casos cometidos. Agraciadamente, este acontecimiento abrió paso para repartir los bienes equitativamente alrededor de toda la Isla. Se le ha encargado a la Señorita Amanda Vélez y a su esposo la repartición.

Se ven Amanda y Carlos en el televisor, ambos liderando al pueblo, y entregando suministros. Eduardo mira a Cecilia con orgullo, y baja un poco el volumen para hablarle.

Eduardo: ¿Quién diría que llegaríamos a esto? Hasta Amanda siendo líder. Tan calladita que era y bicha.

Cecilia: ¿Verdad? Jamás pensé.

Eduardo: Hasta salir a la calle se siente diferente.

Cecilia: ¿No es porque ahora trabajas con la FBI?

Eduardo: (SE RÍE) No, para nada. Aunque wow, jamás pensé poder trabajar con ellos. ¡Son tan chévere! En la FBI no tienen mucho sentido del humor, pero yo les caigo bien al menos… Eso aparte, salir a la calle se siente diferente por todo lo que pudimos lograr juntos. Nuestra capacidad para unirnos y poder trabajar para el bien del pueblo.

Cecilia: Sí. Yo espero que de esta aprendan a respetarnos, y no nos cojan más de pendejos.

Eduardo: Yo espero también. Siento que a partir de hoy, somos más fuertes. Veremos qué nos traerá el futuro.

Cecilia: Sí, ya veremos. Si estamos tú y yo, lo enfrentaremos juntos.

Ambos se quedan en el sofá viendo la televisión. Eduardo tiene plasmada una sonrisa que no se le va y Cecilia le sostiene la mano aún más fuerte.

Cierra el telón.